Les Éditions du Boréal
4447, rue Saint-Denis
Montréal (Québec) H2J 2L2
www.editionsboreal.qc.ca

La Liberté
des savanes

DU MÊME AUTEUR

La Belle Épouvante, roman, Éditions Quinze, 1980 ; Julliard, 1981.

Le Dernier Été des Indiens, roman, Seuil, 1982.

Une belle journée d'avance, roman, Seuil, 1986 ; Boréal, coll. « Boréal compact »,
1998.

Le Fou du père, roman, Boréal, 1988 ; coll. « Boréal compact », 2010.

Le Diable en personne, roman, Seuil, 1989 ; Boréal, coll. « Boréal compact », 1999.

Baie de feu, poésie, Écrits des Forges, 1991.

L'Ogre de Grand Remous, roman, Seuil, 1992 ; Boréal, coll. « Boréal compact »,
2000.

Sept lacs plus au nord, roman, Seuil, 1993 ; Boréal, coll. « Boréal compact », 2000.

Le Petit Aigle à tête blanche, roman, Seuil, 1994 ; Boréal, coll. « Boréal compact »,
2000.

Où vont les sizerins flammés en été ?, histoires, Boréal, 1996.

Le Monde sur le flanc de la truite. Notes sur l'art de voir, de lire et d'écrire, Boréal,
1997 ; coll. « Boréal compact », 1998 ; L'Olivier, coll. « Petite Bibliothèque améri-
caine », 1999.

Des nouvelles d'amis très chers, histoires, Boréal, 1999.

Le Vacarmeur. Notes sur l'art de voir, de lire et d'écrire, Boréal, 1999.

Le Vaste Monde. Scènes d'enfance, nouvelles, Seuil, 1999.

Monsieur Bovary ou Mourir au théâtre, théâtre, Boréal, 2001.

Un jardin entouré de murailles, roman, Boréal, 2002.

Iotékha', carnets, Boréal, 2004 ; coll. « Boréal compact », 2009.

Que vais-je devenir jusqu'à ce que je meure ?, roman, Boréal, 2005 ; Seuil, 2006.

Espèces en voie de disparition, nouvelles, Boréal, 2007.

Un cœur rouge dans la glace, nouvelles, Boréal, 2009.

Le Seul Instant, carnets, Boréal, 2011 ; coll. « Boréal compact », 2013.

Sept oiseaux, mon père et moi, Le Sabord, 2012.

Un jour, le vieux hangar sera emporté par la débâcle, roman, Boréal, 2012.

C'est le cœur qui meurt en dernier, récit, Boréal, 2013 ; coll. « Boréal compact », 2014.

À l'état sauvage, roman, Boréal, 2015.

Le Petit Voleur, roman, Boréal, 2016.

Robert Lalonde

La Liberté
des savanes

carnets

Boréal

© Les Éditions du Boréal 2017
Dépôt légal : 1er trimestre 2017
Bibliothèque et Archives nationales du Québec

Diffusion au Canada : Dimedia
Diffusion et distribution en Europe : Volumen

*Catalogage avant publication de Bibliothèque et Archives nationales du Québec
et de Bibliothèque et Archives Canada*

Lalonde, Robert

La liberté des savanes

ISBN 978-2-7646-2485-2

I. Titre.

PS8573.A383L52   2017   C848'.54   C2017-940003-7

PS9573.A383L52   2017

ISBN PAPIER 978-2-7646-2485-2

ISBN PDF 978-2-7646-3485-1

ISBN ePUB 978-2-7646-4485-0

Now is the winter of our discontent
Made glorious summer

SHAKESPEARE

Nous attendons la neige. C'est pour d'un jour à l'autre. La chatte grimpée dans le pommier miaule au soleil mourant, qui la dédaigne. Ciel pourpre au-dessus des pins, barre cuivrée à l'ouest, au ras de l'horizon une chamarrure de soufre. Les branches nues supplient, tout comme nos deux chaises qui gisent, leurs huit fers en l'air – il a venté à décorner les bœufs, toute la nuit. Un papillon s'efforce laborieusement d'émerger de son cocon, pendu à une branche du vinaigrier, tout froncé par le gel. Englué dans le suc de sa transformation, tremblant comme feuille au vent, il achève, hors saison, sa métamorphose. Un peu plus et je pourrais l'entendre battre des élytres dans son enveloppe de soie. Une libellule, tardive elle aussi, se pose sur mon épaule. Son abdomen du rouge-noir du sang séché vibre contre mon oreille, me bourdonnant je ne sais quel secret de toute première importance. Dans son gros œil miroitant je m'aperçois : face longue, regard écarquillé, bouche grande ouverte. Contentement étonné, survie, prolongement inespéré. Le jardin est défunt, le lac, un miroir incendié. Déjà les grenouilles et les tortues dorment, enfoncées dans la boue. Les oies voyagent à plein ciel, jappant à la lune qui monte.

La fine glace ciselée – losanges, étoiles, égratignures pareilles aux traces qu'y abandonnent les griffes de la chatte – reflète un ciel tout en lacis. Les nuages se déchirent, se rabibochent. Les arbres sont sectionnés par la lumière, leurs faîtes pointant à la fois le nord et le sud, leur dernier feuillage bronzé par le vieil or du soleil. Suis-je le seul témoin de l'expansion de l'univers? J'entends tirer mon chasseur. Son pick-up rutile, son pare-brise verglacé, au milieu du chemin qui mène à la pinède. Ses coups de carabine font s'écraser la chatte dans l'herbe, décamper les mésanges du cenellier. Il sortira du bois à la brunante, bredouille comme hier. Cette année, nos pommiers sauvages n'ont pas donné de fruits, le chevreuil est descendu vers le sud. Et il y a les coyotes en bandes nourries – on les entend, la nuit, iodler à la lune. Il haussera les épaules, sa carabine dans le coude du bras et me lancera:

— J'ai pas encore frappé, mais demain…

L'écho de son dernier tir pour rien me rappelle cette injonction de Ray Bradbury que je servais à mes apprentis écrivains en m'adressant en fait à moi-même:

Tous les matins, je saute du lit et pose le pied sur une mine. Je suis la mine en question. Après la déflagration, je passe le reste de la journée à tenter de recoller mes morceaux. À présent, c'est ton tour : vas-y, saute !

*   *   *

Les premiers flocons, une virevolte pareille à celle des fleurs de pommier au commencement de mai. Maelström noir et blanc sur le jardin et qui me ramène dans un ancien temps inoubliable. Le collège, la salle d'étude où je suis seul, en punition, la grande fenêtre où vole la première neige. J'ai vite achevé ma copie et je déchiffre *Sur l'eau* de Maupassant, petit livre que m'a passé un camarade déluré, roux comme le renard et fin comme lui. Enfin l'*inconnaissable hostile* m'apparaît. La *solitude indéracinable* de ma petite vie, cette survivance exiguë qui me serre la gorge à tout moment, fait couler de grosses larmes sur mes joues, que j'essuie avec la manche de ma veste. *L'avortement de la vie, l'inutilité de l'effort, l'impuissance de l'esprit.* Je connais bien ce *ciel dramatique qui serre le cœur* dont parle l'auteur. Je l'ai souvent contemplé, revenant de la chasse avec papa qui se taisait. Allongé au fond de la chaloupe, je me laissais chambouler par le mystère. *Cette vie qui parcourt les astres et dont le secret est notre immense tourment.* Ces explosions de nuages, ces effets délirants du ciel en fusion. Est-ce que je convoite, comme lui, *ce beau jardin où dorment les morts*? Lire le malheur indicible, articuler la démangeaison qui me poigne le cœur, condamner l'orgueil qui me ronge, murmurer l'espoir de sortir de mon piège.

Faut-il être aveugle et soûl de fierté stupide pour se croire autre chose qu'une bête à peine supérieure aux autres?

Cet homme-là sait et m'apprend que nous ne voyons rien, ne devinons rien, enfermés que nous sommes en nous-mêmes. Je me réjouis avec lui de comprendre enfin *le néant des croyances et la vanité des espérances qu'engendre notre orgueil d'insectes.*

À demi mort, mort-vivant, mort en sursis, mort de peur, en danger de mort, la mort dans l'âme, plus mort que vif, comme on voudra. Je découvre enfin que nous sommes tous éblouis par le soleil noir de la dernière heure. Que c'est le lot des survivants, cette culpabilité de rescapé, doublée du désir fou de se traîner vaille que vaille dans la lumière. Il ne s'agit pas de mériter, de jouer au héros : ce que les autres appellent le *bonheur* – mot que je ne comprenais et ne comprends toujours pas –, je décide de le nommer *contentement de vivre* et j'entends bien désormais le chercher et le trouver tout seul. Le cœur n'est-il pas d'abord un muscle ? Et un muscle, ça se tend, se détend, se retend. Ce muscle-là doit bien être assez futé pour tenir ses promesses.

*   *   *

Le ciel est d'un vibrant argent-bleu. Flagellé par les hautes herbes, la crinière en méduse, je gagne l'orée du bois, appelé par les aboiements de la chienne qui me semblent provenir de la pinède. Le vent me tire par-ci, me pousse par-là. Ça sent la pomme écrasée, la terre mouillée, l'âcre fumée de mon feu de branches d'hier soir. La chienne en a après quelque chose, ou quelqu'un. L'herbe du sentier craque sous mes pas comme du fin gravier. La chienne feule en sourdine. Je ne vois d'abord que sa queue battante survolant une butte de marmottes. Je l'appelle. Elle lève la tête, me gratifie d'un air de fausse contrition que je connais trop bien et aussitôt replonge son museau baveux de sang frais dans le flanc de la bestiole – un jeune chevreuil, l'arrière-train déjà à moitié dévoré, une flèche plantée dans l'épaule. Un corbeau piétine la mousse, tout près, il attend son tour. J'attrape une branche tombée et fouette le museau de la chienne. Elle décampe sous l'épinette, la queue entre les pattes. Je maudis entre mes dents ce satané braconnier, que je n'aperçois jamais. Il chasse traîtreusement entre chien et loup, décoche à l'aveuglette et décampe sans prendre la peine de débusquer sa proie. Blessée à mort, la bête s'en va achever sa vie au fond du bois, où le coyote la trouve – quand ce n'est pas la chienne.

Le carnage bat son plein. Le corbeau attaque la tête, la chienne la cuisse, l'un crève, l'autre déchire. L'odeur du sang me fait décamper. En vue de la maison, je siffle la chienne. Je l'entends fendre les herbes, piétiner les branches mortes. Elle se couche à mes pieds, l'innocente féroce. Comme si de rien n'était.

*   *   *

Au crépuscule, je roule sur le petit chemin qui longe la montagne. Chants grégoriens à la radio. Dans le grand ciel de feu tournoient des milliers d'oies blanches qui jappent à pleine voix. Elles décrivent, sans fléchir de l'aile, un même grand orbe méticuleusement mesuré, passent et repassent devant le soleil, disparaissent, gagnant le versant sud de la montagne déjà dans la nuit, resurgissent aussitôt, glissent au ralenti, comme si elles ne volaient pas mais nageaient dans une eau embrasée. Une éclaireuse descend. La volée à présent est un essaim palpitant au-dessus des pins entre deux nuages carmin.

Lamentations, sifflements d'ailes. La courageuse s'abat dans une talle de blé d'Inde. Le soleil retarde pour elle son naufrage. Les voix d'enfants brusquement se taisent. La montagne retient la nuit. Le cœur me cogne contre les côtes. Un mince filament d'herbe dans le bec, l'éclaireuse remonte, les ailes désordonnées, son long cou tordu par l'épuisement. Quand même, elle grimpe, rejoint ses sœurs en hauteur, et le manège reprend. J'ai droit à un dernier looping d'une grâce inimitable. Si je reste là encore un peu, peut-être aurai-je droit au lever de la lune sur le champ déserté?

*   *   *

La glace sans la neige, un vieux miroir dépoli. Pour moi, celui du grenier où, enfant, je dévisageais longtemps, avec une attention appliquée, mon visage d'étranger en ce monde. Je scrutais minutieusement mes traits, comme je le fais encore, ce matin, vieux Narcisse penché sur son reflet dans l'eau gelée du bassin aux oiseaux. C'était et c'est donc moi, ce gnome grimaçant, pourvu d'une âme plus compliquée que la poussière d'une nébuleuse? Tout au fond de la transparence sépia, je ne surprends pas le beau chevalier au cœur de lion que je sais être pourtant, mais la tronche ahurie de l'innocent du faubourg, la minauderie du vicelard qui désire encore une fois courir se nicher dans l'herbe, derrière la grange, pour se donner tout seul un plaisir qui fait mal. Cet accident de mon identité, ce désaccord fondamental entre moi et moi-même n'en finit pas de me déconcerter.

Qu'est-ce au juste que l'identité? L'hérédité, la passion et l'expérience emmêlées. C'est avoir non pas son âge, mais tous les âges en même temps. C'est ce pacte qu'on conclut avec l'ombre et où parfois surgit la lumière. Cette *place qu'on mérite dans la vie à cause de certains mouvements brusques qu'on est capable d'avoir,* comme l'écrit si bien Jean Giono.

Ça y est, il neige. On a beau s'y attendre, on est pris de court. Il y a ci et ça encore à faire. Tout de même, on tire la langue, on a huit ans, on fait trois pas de gigue sous la virevolte.

*   *   *

L'herbe saupoudrée de rosée en farine de diamants. Côté ombre, les ramures du cèdre fléchissent sous de grandes araignées de glaçons d'un étrange vert doré. Cinquième saison flambant neuve. Des bramements dans la pinède, tout de suite suivis de hurlements à fendre l'âme : les coyotes. Ça va barder dans la clairière. Je retiens la chienne par le collier. Docile, la brave se couche à mes pieds, reluquant avec une sorte de dédain le gros livre posé sur mes genoux – *666, Friedrich Nietzsche*, de VLB. La chienne tire, couine. Je lis : *Les changements brusques te libèrent de ton individualité, te scindent en une multitude de toutes petites cellules qui finissent par dévorer tout l'espace-temps du cosmos : tu es devenu une galaxie.* La définition de la lecture – passionnée, celle de Nietzsche – de mon ami, le Trois-Pistolet Victor-Lévy Beaulieu, qui ne sait pas qu'il est mon ami. J'ai bien tenté plus d'une fois de le lui faire savoir, mais l'anachorète est seul et compte le rester. Seul avec ses bêtes et ses livres – *ces milliards de signes qui n'ont cessé de me bombarder depuis ma naissance.* De même qu'il m'a autrefois fait connaître Kerouac, Melville, Ferron et Thériault, voici qu'il m'aiguille en direction du grand éveillé, fracasseur d'idées reçues, insulteur de l'ankylose et de l'ennui, capable à chaque page de faire exploser sous vos pas de petites bombes joyeuses.

S'imaginer exclus de l'humanité, désapprendre les convoitises, user de tout l'excédent de force à regarder le spectacle. Être l'invisible spectateur.

Et encore :

Jadis, le moi était dissimulé au sein du troupeau. Maintenant, c'est au sein du moi que se cache le troupeau.

J'ai mon plein de vitamines pour la journée.

*   *   *

Pluie gelée, vent mordant. Je refais – pour la cinquième fois ! – la fin de mon roman. Cette fois, ça y est. Il le faut, je suis dénoyauté. On ne finit pas un livre, on le lâche. Brusquement on ne peut plus rien pour lui. Au lecteur de l'achever et que grand bien lui fasse.

Je me suis plu à faire ce livre. C'est-à-dire que j'ai voulu, puis me suis rétracté – la tâche était au-dessus de mes forces, je n'y arriverais jamais. Puis j'ai plongé, ai gribouillé des phrases sans savoir, sans penser, de biais, pour voir, ou plutôt pour sentir. J'ai recopié celles qui me paraissaient vraies – je ne saurais dire au juste ce que j'entends par là – et j'ai jeté tout le reste, m'attelant à donner suite à ce qui m'avait d'abord semblé infaisable mais que peut-être j'allais réussir. Alors j'ai avancé, puis reculé encore, me suis repris, dénichant dans la corbeille une demi-page trop brusquement écartée, me suis éloigné de ma table, le cœur au fond du ventre, y suis revenu, l'esprit en déroute, l'âme battante, et ainsi de suite durant un peu plus d'une année, qui aurait peut-être dû être remplie d'autre chose. Après tout, j'étais appelé à des tâches qui ne pouvaient pas attendre, mais qui ont attendu, ou alors j'ai oublié ce qui pressait tant. Et c'est fini. Et le réel est étrange. Je me demande ce que je fais ici, là, où je suis sans y être.

*   *   *

On pourrait ne pas l'apercevoir, dans le fouillis rouille et bronze, mais il est bien là, sous le forsythia, allongé sur un amas de feuilles mortes, le museau palpitant, l'œil alerte. Juste comme je m'accroupis, la chienne sort de sous la galerie. Pas le temps de lui attraper le collier, elle est sous le buisson, grattant furieusement, comme si le beau renard venait tout juste de s'enfoncer sous terre. Je chicane la chienne qui n'y comprend rien. Elle me saute dessus, nous luttons un moment. J'ai l'avantage d'abord, puis elle me culbute. Nous roulons dans l'allée de gravier. Comme chaque fois, l'échauffourée fait relâche subitement, sans vainqueur ni perdant.

Grimpant les marches de la galerie, les bras chargés de bûches à brûler, du coin de l'œil je distingue un éclair, une véloce trace de feu dans la fougère. C'est lui.

René-Daniel Dubois sait, pour le renard et moi. Je prononce à son intention la prière que j'adresse souvent à l'ami fauve. R.-D.D., la connaît, l'aime et la pratique. Bien sûr, je ne la dévoilerai pas ici. Ces choses-là ne se font pas.

*   *   *

F. entre en coup de vent et m'annonce que notre chasseur a trouvé, il y a trois jours, son fils pendu dans son garage. Je plante là mon ouvrage, n'ayant plus le cœur à rien.

*   *   *

Une minute affranchie de l'ordre du temps a recréé en nous pour la sentir l'homme affranchi de l'ordre du temps. MARCEL PROUST

Elle me chicote depuis mon commencement ici-bas, cette omniprésence d'une horloge qui ne serait pas conforme au réel enchaînement des années, des jours et des heures, ce surgissement spontané du souvenir qui ne serait pas un souvenir mais un retour, un réveil, une résurrection, voire un remède,

une potion magique. En tout cas, une évasion salu-
taire de la prison du jour le jour et des habitudes. Le
temps perdu, le temps retrouvé. La fameuse made-
leine de Proust. Il n'y a peut-être pas de vrai mystère
là-dessous. Il s'agit plutôt d'un chemin – un sentier
de traverse, une sorte d'échappée belle. Il faut
d'abord faire un pas de côté, tourner la tête vers on
ne sait quoi, qui appelle, très discrètement. Ce matin,
c'est la grande plaque d'ardoise devant la porte du
pavillon où je travaille et sur laquelle la neige ne tient
pas. Je ne lui concède qu'un coup d'œil machinal et
pourtant, dans l'espèce d'invulnérabilité rutilante de
la pierre, il y a quelque chose. Quelque chose qui me
revient. C'est si vague, si subtil, si indéfini que l'être
raisonnable en moi – l'homme d'habitudes, aux
réflexes conditionnés – lance vite la main vers la poi-
gnée. Mais un autre moi sait. Et il reste là, devant la
porte, il attend. La neige tombe en silence sur mes
cheveux, mes épaules. Le trouble que je ressens a une
cause, une origine. Je soupçonne que je vais bientôt
voir. Non pas savoir – ça ne servirait à rien, en l'oc-
currence – mais voir. Revoir, pour voir. Je ferme les
yeux, respire profondément. Une plage apparaît.
Celle des Trois-Pins, dans la grande baie. Nous nous
y rendions, autrefois, en chaloupe, quasiment tous
les dimanches de juillet. Mais ce n'est pas la plage, ce
n'est ni la bonne chaleur du soleil ni l'eau fraîche du
lac, ce n'est pas, ou plutôt pas seulement ça. Il ne

s'agit pas de nostalgie. La plaque d'ardoise, sur laquelle la neige tombe sans adhérer, rameute une vieille roche plate qui brille sur le sable de la plage. Je m'accroupis. Plus rien n'a d'importance que cette roche et moi, que sa luisance hypnotisante et l'émotion qu'elle fait naître. La même exactement que celle que j'éprouve, là, maintenant, devant la plaque d'ardoise sur le seuil de mon pavillon de travail. Mais qu'est au juste cette émotion-là ? Une intuition, c'est-à-dire un savoir inexpliqué. Je pense, sans penser : la pierre ne change pas, elle ne changera jamais. Qu'elle se laisse charrier par le courant, enfouir sous la glace, projeter par une main d'homme et couler tout au fond du chenal, qu'on la charge dans la benne d'un camion, l'insère avec d'autres pierres dans le mur d'une maison, le muret d'une clôture, jamais on ne viendra à bout de son extraordinaire invulnérabilité. L'émotion est nette, le ressenti précis : j'envie l'invulnérabilité de la pierre. Je me sais changeant, trop changeant, dangereusement changeant. La pierre, elle, sait rester ce qu'elle est. Et alors, la tristesse ? Que vient faire la tristesse dans tout ça ? C'est que, contrairement à moi, la pierre ne peut pas faire autrement. Elle est condamnée, son invulnérabilité est un enfermement. Moi qui suis changeant et le déplore, je peux m'échapper, fuir, gagner le large, le lointain, l'avenir. Cependant, si mon destin m'appartient, je sais qu'il me faudra payer le prix fort :

changer, changer sans cesse, parce que les autres l'exigeront et que sans les autres je n'arriverai à rien.

Pas la peine de demander à quoi sert ce dérèglement involontaire de l'horloge et du calendrier. Ça sert à voir, un point c'est tout. À revivre pour continuer à vivre, cette fois dans une sorte de vrai plus vrai que le prétendu vrai de la vision commune.

Rebecca Solnit écrit dans *A Field Guide to Getting Lost* :

> *Enfant, mes traques et fouilles m'ont appris l'autodétermination. Elles m'ont dotée à la fois d'un bon sens de l'orientation et d'un réel esprit d'aventure, m'ont pourvue d'une forte imagination de même que d'un désir d'aller y voir de plus près. Elles m'ont enseigné à me perdre et m'ont indiqué le chemin du retour.*

C'est peut-être ce qui a subitement fait défaut au fils de mon chasseur. Lui n'a pas su, pas pu, entrer en contact avec l'énigme. Il n'a pas su attendre, laisser la peur filer son triste chemin.

*   *   *

F. met brusquement la voiture en marche arrière – je pique du nez contre le pare-brise. Elle lance :

— Le grand-duc, là, sur la branche en Y du frêne !

Et c'est bien lui, pelotonné sur la branche comme une poule couveuse, le plumage ébouriffé. Tranquille, noble et fier, « le sauvage aristocrate », comme l'appelait mon père. J'attrape les jumelles : l'oiseau magnifique darde sur nous deux prunelles d'un noir orageux, cerclées d'ambre. En plein midi, le beau rapace sans cou se repose, lui qui fait sa nuit le jour. Il roupille, les yeux grands ouverts, et ne perd aucun de nos silencieux sparages dans la voiture. Soudain, il dévisse d'un coup sec sa grande tête couronnée d'aigrettes – semblables à celles du Sphinx, chasseur nocturne comme lui – et alors on distingue nettement sa bavette blanche, son délicat jabot de dignitaire d'empire. Brusquement je nous imagine, le fils de mon chasseur et moi, tapis dans l'herbe, au bord du fossé, absorbés dans la contemplation du majestueux prédateur de bas et de haut vol, ayant abandonné tous les deux, comme par enchantement, le tracas d'exister sans vivre, suspendus à la puissante immobilité de l'oiseau, guettant le moment où il va étendre ses ailes, décoller lourdement, piquer dans les branches, gagner le grand lac libre du ciel et planer surnaturellement dans le bleu infini. Il me semble que je pourrais, que j'aurais pu, que j'aurais dû le rescaper, ce garçon impatient, ce dériveur enragé, cet obnubilé d'un malheur qui ne lui est pourtant pas propre, d'un chagrin que chacun éprouve à ses heures et qui passe, pour peu qu'on regarde ailleurs. Comme s'il m'avait entendu jongler, le grand-duc ouvre ses ailes, s'élance dans la brunante des ramures, plonge dans la nuit du sous-bois et le voilà tout de suite hors de vue.

Comme de fil en aiguille, je pense à Virginia Woolf, qui a subi quasiment chaque jour de sa vie le vertige de s'avancer sur un « petit trottoir en surplomb de l'abîme ». Elle rêvait de ne « fréquenter que la lumière des étoiles » et a fini par entrer dans l'eau glacée d'une rivière, les poches de son tablier bourrées de pierres. Peu avant de se jeter à l'eau, elle écrivait :

Tâche de te voir comme un poisson dans le courant, infléchi, retenu, maintenu en place, mais incapable de décrire la toute-puissante force de l'eau.

*   *   *

Attaqué par la ville, tout d'abord, c'est logique, je me défends par la haine. En esprit je passe la rue à l'acide. Puis j'essaie d'opposer l'ordre au désordre. Retranché dans ma chambre, je balaie le plancher, me lave à m'écorcher, expédie le courrier en souffrance et reprends mon travail en m'efforçant d'en expulser la rhétorique, les replâtrages, les trucs. Modeste rituel, mais on fait avec ce qu'on a.

Nicolas Bouvier et moi sommes de la même race, celle qui n'oublie jamais que *la santé est un équilibre dynamique fait d'une suite d'infections plus ou moins tolérées.*

$*$ $*$ $*$

Les tiges rouge clair des rosiers, des décorations de Noël trop hâtivement accrochées. Des lambeaux de glace fondue, pareils à des serviettes qu'on aurait oubliées au bord du lac, flottent et roulent dans l'eau couleur thé très fort. Le moral est funèbre, et puis après? Blâme-t-on le temps d'avancer et de reculer dans la même étrange journée qu'est notre babélique voyage de ce côté-ci du mystère? L'écrasant poids des habitudes abolit dangereusement le hasard. On sait, on a déjà vu, on n'imagine plus, on attend sans espérer, on a le souffle court, on abdique, sans toutefois renoncer – désespéré mais pas fou! La frousse de n'être rien, de ne rien accomplir, de ne rien faire. Et l'accalmie se métamorphose en malédiction. Je suis ces jours-ci, comme disait ma mère, *tari comme le puits du bonhomme Lachance.* J'ai cru longtemps, en fait jusqu'à ce que je fasse brusquement la connaissance du bonhomme en question, que ma fabulatrice de mère échafaudait une autre encore de ces allégories échevelées dont elle nous gratifiait avant de nous lancer, les bras tombés, les yeux au plafond de la cuisine :

— Fasse mon ange gardien mon ouvrage à ma place, moi, j'm'en vas m'étendre !

*   *   *

Le chef-d'œuvre impérissable, j'y ai eu droit encore une fois toute la nuit. L'ouvrage magistral, éblouissant et à coup sûr bien au-delà de mes moyens, s'écrivait pour ainsi dire tout seul. Les mots tombaient, non pas de ma plume, mais d'une source inconnue – un faisceau extraordinairement lumineux et qui descendait sur moi comme la flamme sur la tête de l'apôtre du petit catéchisme de mon enfance. Cette fois, il s'agissait d'une espèce de sorte de manière de réécriture des œuvres de Hubert Aquin, de Réjean Ducharme et de Marie-Claire Blais emmêlées – que ces grands talents-là me pardonnent ! Je rédigeais allègrement un palimpseste où enfin j'égalais mes maîtres et même les dépassais. J'y allais sur un temps rare, des éclairs jaillissaient de mes yeux, la gloire était à portée de ma main. On allait bientôt savoir quel génie cumulatif et universel j'étais ! Ma modestie allait être soumise à rude épreuve, mon insignifiance avait fait son temps : qu'à cela ne tienne, l'heure était venue d'un triomphe auquel, éveillé et les yeux bien en face des trous, je n'avais jamais sérieusement songé. Le soupçon de plagiat ne m'effleurait aucunement, j'étais au-dessus de tout doute, miraculeusement débarrassé de toute gêne, de tout scrupule. De plus, on attendait mon texte dans la salle d'à côté. La porte entrouverte me laissait voir un bouillonnement de lumière digne, lui aussi, des illustrations du petit livre d'autrefois. Peu m'importait de n'être pas compris, je traçais des paragraphes au-delà du déchiffrable, je besognais dans la vérité absolue, éternelle. Je serais un lauréat posthume mais célèbre, accessible aux lettreux comme aux profanes.

La folie est maître en songe. À ma décharge – comme on écrit dans les romans français – il y a l'inquiétude. Dans moins d'une semaine je grimperai sur le billard, histoire de subir une intervention chirurgicale que mon médecin qualifie de mineure, mais qui me rappelle que mon temps est compté et que le chef-d'œuvre impérissable tarde désespérément.

* * *

Kerouac, le *beginning writer,* celui de *Windblown World,* 1947-1954. Je reviens sans cesse aux pages échevelées de ce journal arpentant le territoire de l'impossible – parce que tout est possible. Exploration à la fois exaltée, lucide et dopée à l'espoir, combat perpétuel entre le désir et l'interdit, corps-à-corps sans merci, lutte impitoyable, tentative désespérée de libérer la force de combustion nécessaire à la démente entreprise d'écrire. J'ai mis le livre incandescent entre les mains de nombre de jeunes apprentis écrivains. D'abord, ils étaient pris de peur, avaient envie de fuir, les jambes à leur cou. Je leur disais : « C'est normal, la peur, c'est bienséant, c'est honnête, c'est avouable ! » Ils ruaient. « Quoi, tant souffrir, se fendre en quatre, traverser les enfers, rien que pour écrire ? » J'insistais, leur clamais à voix de stentor les appels, injonctions, apostrophes, ultimatums et mises en demeure du Canuk endiablé. Comme un forcené, je tentais de les dompter, leur parlais de la douloureuse allégresse de s'en prendre à soi-même, de la nécessité de tirer au clair l'insensé projet de se livrer corps et âme, du rude devoir de concevoir l'indécente affaire qu'est l'écriture, la vraie. Ils riaient, pleuraient, je riais, pleurais avec eux. Ils évoquaient quelque rêve de gloire facile, leur besoin d'exploser tout en restant à l'abri, l'illusion, chambranlante déjà, de voir les mots, leurs mots couler de source, le songe facétieux de fabriquer dans une espèce de sainte sérénité l'œuvre capitale. La tente tremblante, la raide traversée des apparences, le ça-passe-ou-ça-casse primordial. Ils disaient : « Vous poussez un peu fort la note ! Vous nous en voulez ou quoi ? » Ils avaient raison, bien sûr. Mais je ne leur en voulais pas, en tout cas pas personnellement. Je voulais qu'ils voient, qu'ils sachent, qu'ils ne s'engagent pas à la légère. Je leur parlais kerouakien, je montais la voix, étais pris d'une emphase redoutable. Mon ton passionné évoquait à mots couverts ma bataille à moi, mes crochets, jabs, parades, blocages et uppercuts quotidiens. Ouvrant de grands yeux d'hypnotisés, ils se tordaient sur leur siège, m'écoutant marteler :

> *Voici que surgit de la nuit la furieuse rafale du vent qui fait grincer mes charnières, se lamenter ma fenêtre, voici l'hiver, voici l'esprit de la Terre qui nous porte, la tragédie des énigmes, des doubles fonds, celle de la tristesse emmêlée à l'inquiétante joie, toutes choses humaines éparpillées dans l'univers en tourmente…*

Je n'expliquais pas, ne commentais pas : il fallait qu'ils entendent, qu'ils voient, qu'ils comprennent qu'il n'y avait rien à comprendre, qu'il s'agissait simplement d'y aller, de se lancer, de consentir.

Je leur répétais que j'étais encore et toujours ce *beginning writer*, les assurais qu'il ne pouvait en être autrement. Leur chantais : *Perdrerai-je ma peine, perdrerai-je mon temps ?* En réalité, je tâchais de les persuader que l'univers était toujours un mystère, eux-mêmes de perpétuelles énigmes, des galaxies tournant dans un brouet de lueurs, que la paix qu'ils désiraient était dangereuse, et d'ailleurs introuvable, que le désir et la peur sont sans fin.

Prêche à moi-même adressé, comme de raison. Sermon que je m'assène encore, plus souvent qu'à mon tour.

*   *   *

Cher fils en allé de mon chasseur,

Je ne te ferai pas la morale – et puis d'ailleurs, laquelle? Simplement, je t'emmène ce matin avec moi. Nous prenons du côté de la pinède. La terre n'est pas gelée. Peut-être que, comme moi, tu n'as jamais vu un commencement d'hiver pareil. Regarde, l'herbe repousse en bordure du sentier comme en avril. Méfie-toi, tes bottes risquent de se prendre dans la boue, là, devant. Le vent cingle et tu n'es pas assez chaudement vêtu. Je sais, tu n'es pas sorti, comme moi, à la barre du jour, respirer l'air fleurant l'écorce mouillée. Depuis un bon moment, le temps qu'il fait n'a plus aucune importance pour toi. T'inquiète, j'ai prévu le coup : sous mon manteau, j'ai endossé deux chemises de flanelle et il y en a une pour toi. Tiens, enfile-la pendant que je nous ramasse du bois mort pour faire du feu. Là, au milieu de la clairière, tu vois le grand cercle d'herbe tapée ? Ils ont dormi là, la nuit dernière, pour sûr. Touche, l'herbe est chaude encore. Ouvre grand tes narines et tu renifleras le musc de leur pelage. Tu hoches la tête, tu y crois sans y croire, je le vois bien. Peu importe, ça viendra. Ça revient toujours, le goût des choses, le goût de la vie. Il suffit d'être patient, d'attendre sans penser à rien.

— Si tu savais tout ce que j'ai dans la tête !

— Souffle un bon coup et les vilaines images te lâcheront.

— Facile à dire !

— Sans la connaître, je connais ta désespérance.

— Comment ça ?

Me voyant approcher, les bras chargés de bois mort, mécaniquement tu tends les mains. Tu vois, les gestes te reviennent. C'est le corps qui ressuscite en premier. L'esprit, lui, a besoin de savoir, de comprendre.

— Comprendre ne sert à rien. Monsieur Proust l'explique très bien.

— Qui ?

— Monsieur Marcel Proust.

— C'est un ami à toi ?

— Oui. Un très vieil ami.

— Icitte, au village ?

— Non. Ce serait compliqué de t'expliquer. Il

est très malade mais ça lui est égal. Il travaille sans s'arrêter.

— Qu'est-ce qu'il fait?

— Un livre. Un livre sans commencement ni fin.

— Tu parles d'un hurluberlu!

Tu ne te vois pas sourire, mais tu souris bel et bien. Elle te va à merveille, cette risette de grand garçon éberlué. C'est curieux, monsieur Proust fait sourire tout le monde, même ceux qui ne le connaîtront jamais. Tu nous construis là un beau bûcher. On voit que tu as l'habitude. Moi, je veux toujours aller trop vite, j'empile les branches n'importe comment et la plupart du temps le feu refuse de prendre. Ça me fâche, c'est idiot, alors je ris et je recommence. Ne t'inquiète pas, aucun danger, les étincelles n'allumeront pas l'herbe gorgée d'eau. Accroupi, comme ça, appliqué, attentionné, tu es si vivant, si extraordinairement vivant qu'on dirait presque que ces flammes-là ne viennent pas trop tard, qu'il est encore temps pour toi. Je ne dis rien. Je te regarde, je t'admire et je te souris comme si tu y étais. Et je te récite monsieur Proust, à mi-voix.

— *Ce que nous n'avons pas eu à déchiffrer, à éclaircir par notre effort personnel, ce qui était clair avant nous, n'est pas à nous...*

Tu me dévisages comme si depuis longtemps tu savais ça mais bêtement l'avais oublié. Comme tout le reste : l'odeur de l'herbe, les sparages suppliants des arbres endormis, le rose du ciel, la caresse du vent. Avant que tu t'en ailles, peut-être pour de bon, j'aimerais te dire, oh, tant de choses ! Trop de choses, tu n'y comprendrais goutte. Il m'arrive, à mes heures, de délirer comme le soûlon qui sort en trombe de la taverne où il a levé le coude tout le jour, enfilant les mots, les métaphores et les images dans une espèce de charabia qu'il est seul à comprendre, et encore. Alors je ne dis rien.

Je me retourne. Tu n'es déjà plus là. Assise à ta place, la chienne secoue la tête, comme si elle n'en revenait pas, elle non plus, de ta brusque disparition. Et c'est à elle que je proclame :

— *Ce travail qu'avaient fait notre amour-propre, notre passion, notre esprit d'imitation, notre intelligence abstraite, nos habitudes, c'est ce travail que l'art défera.*

Comme ton père, je rentre bredouille. Je ne te répéterai pas les rudes mais légitimes paroles qu'il a eues pour toi, tout à l'heure :

— Mais que je le rencontre l'autre bord, j'vas y mettre mon poing su'a gueule !

Il faudrait, mais je n'ose pas, que je te parle de

l'échec. L'échec, avec lequel chacun a partie liée. Aussi bien le chercheur qui tente de découvrir le remède à telle maladie incurable que l'athlète qui multiplie efforts et contorsions afin de grimper un jour sur le podium, que l'enseignante qui s'acharne à débusquer le rêve de l'enfant entravé, obstiné à se taire, recroquevillé sur sa chaise, tout au fond de la classe, que l'écrivain qui déchire page après page, persuadé que la vision l'a déserté, désespéré par la catastrophe chaque soir au rendez-vous de ses songes. L'échec, cercle de feu qu'il nous faut traverser, jour après jour, la tête en folie et le cœur arrêté. L'échec qui oblige à durer sans foi ni courage. L'échec et mat, beau temps mauvais temps. Te dire que sans la phosphorescence de l'espoir, le goût d'en finir l'emporte et que c'est ce qui t'est arrivé.

Vois-tu, il m'a fallu trouver une espèce de manière de sorte de joie dans l'impossible exercice de vivre et d'écrire. Chacun, en fait, est ce Sisyphe du mythe, celui qu'il faut bien, écrit Camus, imaginer heureux de rouler sans finir sa grosse pierre tout en haut de la côte, pour aussitôt la voir débouler sous ses yeux éberlués. Heureux parce que vivant, heureux parce qu'espérant et travaillant, tant qu'il a de la lumière.

À peine ai-je tracé ces mots que le soleil paraît et, en même temps que lui, l'ami Serge, qu'on n'attendait plus et qui vient voir si par hasard on n'aurait pas besoin de lui. Ça tombe bien, il faut abattre le dernier peuplier mort debout, avant la neige.

*   *   *

Dentelles de givre dans la fenêtre, au réveil. L'enfant que je fus imaginait des pays, le désert qu'il ne connaissait pas, le pôle Nord, une banquise, de larges crevasses dans la glace, une nappe d'eau libre, d'un bleu diamantin, tout en bas de la fenêtre. Sous un astre sidéral, qui n'était pas notre soleil, je voyais un renne bondir, les traces d'un chasseur se perdre dans l'infinie blancheur. Devant mes yeux éblouis, un monde flambait. Je fermais les yeux et priais. Je m'obstinais à croire que mon désir suffirait. Alors j'entendais des bruits provenant de la cuisine, en bas. Je me couvrais la tête de mon oreiller. La rêverie continuait. Mais déjà, ce n'était plus pareil. Je savais que je continuais tout seul, en forcené. Je fabriquais les images, je me dupais, c'était fini.

Demain, à pareille heure, je serai allongé sur une table d'opération, profondément endormi, livré tout entier aux soins du bon docteur.

*   *   *

Est-ce l'aube? Le crépuscule? Hier, autrefois, aujourd'hui, demain? Dans la fenêtre de cette chambre inconnue où j'ai dormi une minute, des heures, un siècle, un ciel d'un mauve de deuil dans lequel balance une tête de sapin, toute seule. Oriflamme d'un combat. Gagné ou perdu? Remontant d'une nuit sans fond, je retourne comme un noyé dans l'eau fétide d'une rivière sauvage. Soudain, un signal sonore, un bip-bip que je ne connais pas. Ma mémoire barbote dans l'eau salée. D'autres sons, cette fois des voix, humaines, des voix de chez nous – je reconnais les tournures, l'accent, le phrasé traînard qui m'est familier et qui me rassure. Une femme, timbre sourd et pourtant joyeux, un homme, voix haut perchée, geignarde, et puis une jeune femme, voix métallique, claironnante. Il est question d'une dinde trop grosse pour entrer dans le four, d'un manteau pendu derrière une porte peinte en jaune et qu'il faut absolument qu'on retrouve, d'une belle-sœur qu'il n'est pas question qu'on invite pour les Fêtes. Je frissonne, pris d'un effroi qui me coupe la respiration : ces allégations-là me concernent au tout premier chef. Le monde, ces trois inconnus-là et moi-même courons à notre perte. Et puis, encore une fois, je suis catapulté. Je vole, plane dans un vent chaud qui intensifie ma fièvre. Je brûle, le corps huilé d'une sueur aigre qui me lève le cœur. J'atterris devant un immense plan de travail, que je n'ai jamais aperçu de mon vivant et sur lequel m'attendent les milliers de pièces de ce que j'imagine être un puzzle, perversement posées à l'envers et qu'il me faut de toute urgence remettre à l'endroit, et assembler le plus rapidement possible. J'ignore à quoi doit ressembler mon ouvrage, faute de mettre la main sur le modèle, l'archétype, la matrice, la maquette, le patron – les mots s'en mêlent, s'emmêlent à me donner envie d'en finir. Et, soudainement, plus rien. Le vide gris d'une tranquillité suspecte qui m'arrête le cœur. Puis à nouveau le bip-bip de tout à l'heure, qui me tire de ma torpeur, suivi d'un bardassement métallique qui est sur le point de me rappeler quelque chose quand une main délicate, peut-être attentionnée, me secoue l'épaule. J'ouvre les yeux sur une grande bringue, la tignasse blonde en huppe, qui me grimace un drôle de sourire et me dit :

— Je viens juste prendre votre pression et votre température.

Brusquement, je sais où je suis et c'est à la fois une délivrance et une condamnation. On m'a opéré – il y a dix jours, non, trois, non, c'était hier ! Je suis hors de danger et pourtant je suis plus mal en point qu'avant l'intervention. Comme si elle devinait mon désarroi, la jeune femme se penche sur moi et me déclare :

— Vous avez développé une infection. Le docteur est passé vous voir en urgence au milieu de la nuit et a exigé que le laboratoire de l'hôpital prépare aussitôt ce nouvel antibiotique que j'ajoute, vous voyez, à votre soluté. Vous devez dormir. Tout devrait bien aller.

Ce « devrait » m'assomme comme un coup sur la tête et je tombe, tombe, tombe, sans toucher le fond.

*   *   *

J'émerge au son discordant des trois voix de ma nuit, cette fois bien réelles.

— Voyons, moman, papa est capable de se faire cuire des œufs, toujours ben !

— Y sait même pas comment allumer le rond du poêle !

— Ben là, franchement, moman !

Derrière le rideau d'un vilain jaune caca d'oie gît l'autre opérée de la chambre 607. Son affaiblissement de grabataire ne l'empêche pas de régenter à voix de stentor l'existence des siens, qui ne se risquent pas à la contredire.

Dans la fenêtre, un pan de drap gris. Je suis vivant, lové dans mon cocon de fièvre. Soudain me revient le visage de mes ténèbres – j'ai bien failli le laisser filer, dans le tiraillement du mal et le feu de la fièvre. Et, juste comme j'articule son prénom, la bouche contre la peau chaude et salée de mon épaule, ma façon à moi de l'appeler, de la prier d'accourir, F. entre dans la chambre, comme l'aube se lève.

*   *   *

Je quitte l'hôpital comme le prisonnier qui s'évade. Un grand vent secoue les branches, leur arrache des oiseaux comme des flèches. Je sors de la voiture. La chienne d'abord ne me reconnaît pas – qui est cet infirme au visage blême ? –, puis me fait la fête tandis que les chattes me zigzaguent entre les mollets. Le jardin s'apprête à refleurir – le pauvre est tout aussi déboussolé que moi. Le bon café que F. me prépare achève ma résurrection. L'envie de courir piétine ma fatigue. Je sors sur la galerie, dévale le petit escalier, m'élance, écrase une chenille qui rampe dans l'herbe encore d'un vert d'avril, et tout de suite suis pris de vertige, tombe et me retrouve à quatre pattes. Je rampe jusqu'à la petite plage. Ma barbe est en feu dans le miroir du lac. Je lève la tête : les nuages se dépêchent avec l'idiotie d'un troupeau sous l'orage. Je ris très fort. La chienne se lamente. Elle se méfie de ma jactance, de cette joie suspecte arrachée à l'absurde et à la peur. Je me laisse tomber sur le banc de pierre où, l'été, on dépose shorts et serviettes avant de plonger, et sors de ma poche le beau livre de David Bosc, dont les phrases ardentes et déliées m'ont tenu compagnie dans ma chambre de mal. Il ose écrire qu'une confiance heureuse est une *confiance impensée.* Que lorsqu'on est content, simplement content de vivre, on sourit *à hauteur de libellule.* Que l'on peut, après l'avoir piétinée, pousser son ombre devant soi. Que celui qui nous blesse fait de nous un *débutant de l'exil.* Son fabuleux personnage, le peintre Gustave Courbet, méprisant son désespoir *baveux comme de l'encre,* affouillant la vie pour y dénicher la veine aurifère, ce soûlon de réalité qui *touche au miracle quand il descend dans le labyrinthe* m'a été comme un frère dans la souffrance et la brûlure de la fièvre. Grâce à lui, j'ai senti plus d'une fois *la douleur mouchetée d'un coup comme une chandelle.*

*   *   *

Ciel d'un bleu de porcelaine anglaise, flèches de glace tombées du toit, fichées dans le banc de neige tout neuf, au pied des marches de la galerie. Je ne sais quelle bourrasque galactique s'est amenée au cours de la nuit.

Je ne chausse pas mes raquettes – convalescence oblige – mais mes bottes et saute dans l'abîme de

41

lumière, qui me pulvérise instantanément. Nous ne sommes plus, la chienne et moi, que deux ombres oscillantes sur le mur aveuglé de la maison, puis deux coups de fouet dans la meringue du sentier qui mène à la pinède. *Été indien de la pensée et des sentiments,* voilà comment Thoreau qualifie le bonheur qu'il y a à s'avancer dans le froid bleu d'un matin d'hiver.

Enfonçant dans la neige comme dans du sable, j'imagine les gestes, concis, ailés, mesurés, véloces, attentionnés qu'ont été ceux de mon chirurgien, culminant au miracle : ma guérison. Autrefois, il n'y a pas si longtemps, je serais mort de mon mal.

*   *   *

Tous ces tiers, quarts, huitièmes de romans, de nouvelles, de récits, au fond de la boîte à bois ! Tentatives, projets, visées, intentions, approches, esquisses, poussées et tâtonnements. Je peux dater chaque phrase, millésimer chaque rature, préciser la saison de telle page condamnée, repérer à vue de nez tel gâchis au beau milieu d'un paragraphe qui avait suffi à me faire abandonner le récit en question. Je tombe sur une demi-page glissée entre deux liasses retenues par un élastique. Je l'attrape, d'une main soupçonneuse : le texte est indéchiffrable. Je ne reconnais même pas ma propre écriture. Pourtant je me remémore précisément le mélange d'espérance déraisonnable et de découragement définitif éprouvé ce matin de juin 1992, alors que les mots m'avaient lâchement abandonné et que, écrasé sur ma table, je haletais comme le brochet hors de l'eau. Sentiment d'atteindre le fond du baril qui m'avait poussé à griffonner une manière de prière, suppliant un dieu que je ne connaissais pas de me redonner le pouvoir de composer, de conter, tout au moins de tracer une phrase, une seule phrase, une vraie phrase, capable de me déséchouer et qui, si ce n'était pas trop demander, risquait de donner non pas un chef-d'œuvre, mais simplement un bon livre, qui peut-être m'amènerait de nouveaux amis.

Pourquoi diable est-ce que je n'ai pas jeté toutes ces pages ronflantes au feu ? Je refourre dans la boîte ces cahiers, ces barbouillages d'enfant seul qui croyait voir s'envoler l'oiseau d'un rapide et grossier trait de crayon.

Rousseau a bien raison quand il écrit : *Notre cœur et notre esprit n'appartiennent pas au même individu.*

*   *   *

Dépris d'espérance au lever, je vais du côté des poètes. Chez eux, la blessure passe directement de la plaie à la page, la beauté surgit de l'ombre et l'espoir de l'impossible. Leurs livres sont posés en permanence sur le rebord de ma fenêtre, l'accoudoir du divan, la chaise où jamais personne ne s'assied et où, côte à côte, ils s'entretiennent à voix feutrée de l'introuvable épiphanie, de la résignation et de la révolte, dont ils célèbrent l'absolue nécessité. Ils déplorent et chantent d'un même souffle la beauté tragique de cet aller simple vers une destination inconnaissable. Au hasard, j'en saisis un et à haute voix m'interpelle moi-même, récitant :

L'avenir c'est ce qui dépasse la main tendue et c'est l'espace au-delà du chemin battu. ARAGON

Puis un autre :

Un être qu'on ignore est un être infini, susceptible, en intervenant, de changer notre angoisse et notre fardeau en aurore artérielle. RENÉ CHAR

Et enfin Miron, l'oracle qui prophétise, en langue batèche :

Le ciel est en marche sur des visages d'escale
d'un coup le vent s'éprend d'un arbre seul
il allume tous les rêves de son feuillage.

Je ne suis soudain plus à genoux dans la cendre de l'irréalisable. Je me lève, me chausse, m'enveloppe, me tuque, m'écharpe et ouvre grand la porte.

*   *   *

La souffleuse de mon voisin, en ce petit matin du jour de l'An, s'insinue dans mon rêve. Son vrombissement prophétise une nouvelle année faramineuse, je ne saurais dire comment ni pourquoi. Je me lève content et sors, mon café à la main et qui fume à ma place. Je fais vingt pas sur le chemin lisse et dur comme du ciment. Dans la portion encore à l'ombre de la route, survolant le sol gelé, un bel ouvrage de crêpe de Chine, d'un argent transparent, enluminé d'une traînée de vibrisses semblables à des soies de porc ou encore au fragile amas de duvet de la tourterelle quand en juin elle mue et que le vent roule dans l'herbe son plumet de la vieille année. Je songe au fils trépassé de mon chasseur. Ou plutôt je l'imagine qui marche à mes côtés, la tête penchée sur l'épaule, à la manière de l'enfant qui n'attend plus rien du jour comme de ses songes. Et je lui dis :

— On souffre moins d'un mal quand on le sait inévitable.

Il ne me répond pas, bien sûr. Du coup, je voudrais reprendre ces cruels mots-là, qui m'ont bêtement échappé. Je ne m'adressais d'ailleurs pas à lui, mais à moi-même. Je tourne la tête et soudain le vois. Il hoche la tête, dans une espèce de oui-non qui me serre le cœur. Puis, soudain, il se plie comme atteint d'une balle perdue. Je m'accroupis à son côté. Ouvrant de grands yeux d'enfant perdu, il tend la main et saisit entre le pouce et l'index la fine aile d'un papillon de glace qu'il dépose, avec une précaution de diamantaire, au creux de ma paume.

* * *

Nous partons pour la pêche sur la glace. J'ai treize ans. Je monte dans le camion de mon oncle Louis, la tête dans les épaules, comme le dimanche soir quand on me ramène au collège après un jour de congé plus court qu'un rêve. Les hommes vont boire, se taper sur les cuisses, raconter des histoires, toujours les mêmes, dans la cabane. Je vais perdre un précieux temps à guetter les hochements et plongeons des lignes, à décrocher la perchaude, hisser le doré, traîner le brochet sur vingt pieds de glace, sans oser appeler à l'aide l'un ou l'autre de ces petits personnages, au large, là-bas – papa, oncle Georges ou encore le cousin Rémi. J'enrage à me donner envie de crier, mais je me tais. Nous descendons la côte des Trois-Pins. Sans transition, nous passons de la terre gelée à la glace vive. Le camion glisse. Ils rient. Je ris avec eux – je n'ai pas peur, je suis un homme. Soudain, un geyser de lumière, là-bas, loin au large ! Une nappe de vif-argent, soudaine et miraculeuse, qui m'éjecte de ma triste petite vie. Sauvagerie éblouissante qui me rend sourd, oublieux de mon entourage, m'arrache à ce temps qui durait pendant que je mourais. C'est mon chemin de Damas, l'apparition du désir et la promesse de son assouvissement, dans le même maelström à la fois violent et doux. Je ne comprends pas – ne comprends toujours pas, aujourd'hui encore. Il est imprudent de tirer ces mystères-là au clair, on peut tout faire disparaître sans s'en rendre compte. Mais je sais que mon aveugle confiance en la vie date de ce jour-là. Cette espèce de consolation de toutes les choses mal advenues, cet aplomb devant l'inconnu qui sournoisement m'attend dans le détour, cet abandon insouciant face au surgissement de l'inévitable.

Je passe tout le reste de ce jour-là dans le halo du grand solstice d'hiver, à l'écart des autres et en congé de moi-même, glissant et tournoyant sur la glace comme un de ces petits ice-boats que j'aperçois au large, libre et persuadé que chaque fois qu'il le faudra la lumière, la divine lumière me cherchera et me trouvera. Je me répète : « C'est bien assez pour toi. Tu as de quoi durer et c'est tout ce qui compte. »

47

*   *   *

Cher fils décampé de mon chasseur,

Vaincre, triompher, réussir sont à présent pour toi des
verbes périmés. Ils sont comme des pièces de ton
ancienne maison à présent mal visitées par le jour.
Ce qui hurlait et déraisonnait en toi s'est peu à peu
calmé. Ce qui chavirait, faisait eau de toute part, ce
qui t'écorchait, te courbait, te travaillait comme une
passion sourde et malveillante s'est lentement laissé
apprivoiser. Mais tu n'es plus là pour entreprendre
la suite du monde. Tu as manqué de patience. C'est
long, se tirer au clair. C'est long, trier ce qui dans
l'héritage mérite de nous appartenir et ce dont il
convient de se départir. Et ensuite c'est long encore
de s'en départir tout à fait. C'est long de durer dans
l'indécidé. C'est long d'attendre, de s'attendre. Mais
lentement, insensiblement, on n'a plus la même
façon d'aimer, plus la même manière de travailler,
plus le même tour d'être avec les autres. Les utopies,
les légendes, les contradictions, les mythes, ces
détours de l'aveugle chemin qu'on suit, on ne sait
comment, mutent. Cette disparité entre soi et soi-
même, ce long apprentissage de sa propre force, de
ses propres faiblesses, cette espèce de « caméléon-
nage », comme l'écrit Miron, cette manière de plagiat, cette pâle et décevante imitation des autres, des
soi-disant grands, s'estompent. De même que ce

dangereux funambulisme au bord de la falaise
– vais-je m'envoler, gagner le ciel, ou au contraire
tomber, me fracasser tout en bas ? Et aussi, surtout,
ce don de l'amour, dont on a si longtemps mal usé,
on ne s'en sert plus comme avant.

*   *   *

*Tout ce superflu dans lequel nous vivons tous ne
parvient plus à engendrer la moindre imagination.
Non seulement cela, mais il n'engendre plus la
moindre idée d'un lien. Ou d'un départ. Oui, c'est
peut-être ça le plus important : il n'y a plus d'am-
biance de départ.* PETER HANDKE

*   *   *

Écrivant à son grand ami Claude Haeffely,
le 16 avril 1954, Miron met fin une fois pour toutes
à la menteuse rumeur. Il n'est pas poète et ne le sera
jamais, qu'on se le tienne pour dit. Il ne songe plus
qu'à la révolution, veut aller à l'université faire son
droit, ne veut plus jamais *avoir d'histoires avec la
métaphysique et la littérature.*

*Orignal quand tu brames
coule-moi dans ta plainte osseuse*

49

se répondra à lui-même, dix ans plus tard, Miron terrassé par sa muse.

$$* \quad * \quad *$$

Sommes sur la route, en belle promenade, à la merci du ciel, d'une luminescence pailletée – en gelant, l'air s'est cristallisé, et nous voilà encerclés d'éclats de nacre. Dans les champs, des chicots de blé d'Inde d'un roux de pain brûlé. La rivière est un serpent de ciment pas tout à fait pris. Les grands roseaux échevelés se balancent, agités par des mains de géants invisibles. Là, au beau milieu d'un chemin de traverse, une cabane sur rails. On voulait la transplanter quelque part ailleurs, quand le gel a pris. Elle attend, elle attendra au moins jusqu'en mars, arrêtée, dans cette humiliante posture de délabrement. À bâbord, le soleil rase les troncs d'une douzaine de pins immobiles comme des veilleurs. À leur pied la neige est bleue comme du lait. À tribord, des maisons serrées les unes contre les autres, pareilles aux enfants effrayés des vieux contes, leurs fenêtres s'allumant et s'éteignant comme dans une nuit de catastrophe : c'est le soleil finissant qui tour à tour incendie, éteint, réembrase. Là, devant, un poulailler, gros et long bâtiment qu'on dirait échoué sur un coteau à la suite d'un déluge dont personne n'a gardé mémoire et qui lâche, par trois étroites cheminées, une nébulosité irisée dans laquelle plane un escadron de corneilles. Du coup, je reviens à Miron écrivant : *début mars, retour des corneilles.* Il me semblait bien, aussi ! Quand j'étais petit – disons vers 1955, date de la lettre de Miron évoquant le retour des corneilles –, les volatiles en question migraient. Pour une bonne part, à présent, les corneilles hivernent dans nos parages.

Brusquement, dans le creux d'un vallon, quatre cèdres se secouent, semant dans l'air une poudre d'un blanc rosé, fumée sans feu qui disparaît tout de suite. On remonte pour assister au naufrage du soleil dans un étang gelé. Il explose et se répand comme l'œuf qu'on crève dans la poêle.

> *Tout ce que j'ai vu d'une façon belle et bonne, rythmique, je le transmets. Qu'est-ce d'autre que l'écriture ?* PETER HANDKE

* * *

Si toutes ses flammes s'allument pour aussitôt s'éteindre, heureusement il y a le cinéma. Le frère Adrien, fraîchement défroqué, s'y rend le plus souvent seul – dans ces années-là (1948-1952) les copains sont rarissimes. Dans l'anonymat de la salle du Cinéma de Paris, Gaston se laisse aller. Il soupire, il a mal avec passion, il s'effondre avec délices, il pleure. Il est William Holden dans *Love Is a Many-Splendored Thing*, Marlon Brando dans *On the Waterfront*, Montgomery Clift dans *A Place in the Sun*, Raf Vallone dans *Thérèse Raquin*, il est Serge Reggiani dans *Casque d'or*. Ces héros malgré eux ont tous droit à un destin impitoyable mais magnanime. C'est qu'ils ont pour eux, contrairement à lui – ver de terre amoureux d'une étoile –, la beauté, un charme redoutable et le cœur tourneboulé de grands desseins glorieux. Ils ont surtout la tête fiévreuse de rêves visionnaires. Alors le futur poète songe : « On peut donc à la fois aimer et s'atteler à la réorganisation du monde ? On peut transcender la souffrance d'amour, traverser le martyre de la passion et mériter la grâce de la sérénité ? On peut gagner en perdant ? Triste mousquetaire, on peut être adoubé chevalier sans perdre son âme, batailler sans verser tout son sang, gagner son ciel avant la fin de ses jours ? Alors c'est peut-être que le désespoir aura bientôt fait son temps… ? »

Le cinéma. Les pleurs dans le noir. Les joues mouillées, balayées par les faisceaux de la muraille qui ruisselle d'une vie intense à faire peur. Le poète hésitant, le versificateur désenchanté, seul dans la nuit striée de lueurs technicolor, assourdi par les violons de la fureur et de l'adoration, le cœur cognant le déchaînement d'amour, se sait à la fois victime, puni, condamné et exaucé. Et ça lui fait un bien! Émergeant du noir, marchant dans la vraie nuit, cosmologique, trouée d'étoiles, ensorcelée par les halos des réverbères, il psalmodie :

Je m'écris sous la loi d'émeute
je veux saigner sur vous.

À dix-huit ans, je fus Clyde Barrow (Warren Beatty) dans le film *Bonnie and Clyde* d'Arthur Penn. Incompétent à aimer, impuissant à me donner à la fille qui m'adorait, j'avais appris par cœur les répliques désopilantes du héros et les répétais sans finir à ma dulcinée. À vingt et un ans, je grimpais la façade d'un édifice de la rue Milton, près du cinéma Élysée, gagnais le balcon d'un appartement inconnu et adressais au soleil flou d'un réverbère les stances du beau Roméo du film de Zeffirelli, sous le regard enfin ébloui d'une fille qui jusqu'à ce soir-là m'avait scandaleusement dédaigné. À trente ans, je fus tout un mois Yves Montand, douloureux et héroïque justicier de *L'Aveu* de Costa-Gavras. Et, il y a quelques années à peine, je chialais, marchant seul dans la rue, après la projection de *Brokeback Mountain* de Ang Lee, déplorant et enviant à la fois le sort de Ennis del Mar (magnifique Heath Ledger), pleurant à chaudes larmes au souvenir de cet ancien ami, un garçon superbe et ombrageux qui, ayant pris peur de moi, s'était enfui je ne sais où, et que je n'ai plus jamais revu.

*   *   *

L'étonnante, la soudaine, la fondatrice métamorphose du poète. S'agissait-il bien d'une intervention surnaturelle, comme l'ont longtemps cru les copains ? Comment expliquer l'improbable mue, la miraculeuse conversion, l'inimaginable passage du rimeur du bon vieux temps, du faiseur de vers pour scouts à ce coryphée de haute voltige, du câlleux de veillées à l'auteur de *L'Homme rapaillé* ? Isabelle. Le grand amour de Miron. La muse absolue. La femme fatale, seule capable de *remuer la braise dans le bris du silence*. Celle qui se mesure loyalement au poète, qui ne se défend pas mais sait se battre, est d'égale à égal avec lui. Celle qui n'a pas, comme les autres – les filles, les amis –, pitié de sa *discontinuité* de *démanché*. Pierre Nepveu, vaillant arpenteur de la Mironie, évoquant la mutation inouïe du poète, la qualifie de *catharsis tenant de la pure énigme* et même de *saut quantique* – à tout le moins rapporte-t-il ainsi ce qui se chuchote entre deux portes, au passage du poète blême, catatonique, et qui n'écrit plus depuis belle lurette. C'est qu'alors on ne sait pas encore Isabelle.

Ou, si on sait, on ne soupçonne pas qu'avant de se métamorphoser en *ravie, désirée sereine, barricadée lointaine,* sa belle, son unique, son essentielle lui est enfin apparue, comme le Nazaréen à l'apôtre des Gentils. Elle s'est bel et bien incarnée, l'inimaginée, l'impossible, celle qui devait survenir et qui à peine arrivée s'en ira, pour toujours et cependant restera, hantant sans finir le poète, devenu *bête à souffrance.*

Oui, la métamorphose. F., son surgissement inespéré dans ma vie de *démanché,* il y a de cela trente-huit ans. Ma mutation de carabin scribouilleur en conteur subitement doté de fureur poétique, d'une improbable puissance d'évocation, brusquement aussi à l'aise dans son nouveau champ sémantique que dans l'essoufflement de la passion.

F., ma désirée sereine, est restée, alors qu'Isabelle s'est dématérialisée. J'ai eu de la chance, ce que mon père appelait « de la corde de pendu ».

Demain, je remonte une nouvelle fois sur le billard. Du coup, la chance que je viens tout juste de célébrer me paraît dangereusement précaire.

*　　*　　*

Abasourdi, anesthésié encore, aveuglé par une lumière braquée sur moi comme la lampe d'un interrogateur malveillant, je plane dans une espèce de brume de glace, endolori sans deviner précisément d'où vient le mal, peu sûr de ce que me vaudra le temps qu'il me reste à rouler ma pierre tout en haut de la colline.

Je mets tout de même le nez dehors. Sur la neige en meringue, je dénombre en une minute sept cent quatre-vingt-douze ombres maigres, celles des fines branches du cerisier. Compter me rassérène, bien que la manie de compter, selon les psys, soit un clair signe de névrose. Les craques dans le ciment des trottoirs, les corneilles sur un fil électrique, les étoiles entre deux ramures de pin : j'ai toujours, dans la désespérance, dénombré les ensorcellements du réel. C'est un peu comme prier, c'est préciser mes chances, en quelque sorte retrouver ma propre trace, ou quelque chose comme ça. Et ce faisant, j'énumère à haute voix les lieux et moments où la chance a cligné de l'œil de mon côté. Cette espèce de rituel, cette récitation d'instants et de coins bénis que je lance, sans les organiser, sont des divagations qui n'en sont pas. Ce rituel, je le dois à l'anthropologue, écrivain et cowboy américain Keith H. Basso. Je sais, j'ai déjà évoqué la chose nombre de fois. Ce n'est pas que je radote, c'est tout bonnement que l'affaire est primordiale pour moi. La quête de Basso, auprès des Apaches de l'Ouest américain. Ses recherches aboutissant au dépistage des histoires qui transpercent, à la manière de flèches, et vous guérissent. Ces fameux *place-names* qu'il s'agit de psalmodier sans reprendre son souffle et qui appellent la bonne fortune. Embrumé par l'excédent de drogue qui m'inquiète toujours le sang, je déclame au soleil qui m'éblouit :

— Le soir où je ne voulais pas rester auprès de F. et qu'une tempête de neige m'a empêché de fuir, le garçon que j'ai sauvé de la noyade sur la plage des Trois-Pins, à Oka, le jour où deux gringos américains que je ne connaissais que depuis deux jours m'ont emmené à l'hôpital de San Cristóbal de Las Casas, où l'on m'a injecté un contrepoison qui m'a tiré de la mort par piqûre de scorpion, la fille du pharmacien du village qui a ouvert la porte juste comme j'achevais de débouler l'escalier de mon appartement et qui est tombée avec moi, comme au ralenti, amoureusement, sur le trottoir…

Et je pourrais continuer comme ça sans finir.

Le bon sens est pareil à l'eau qui jamais ne tarit. Il nous faut boire de l'eau pour vivre, non ? Eh bien, il nous faut aussi boire à la source des lieux magiques.
KEITH H. BASSO

*   *   *

Cher fils de mon chasseur qui t'es tué,
Je sais bien que tu ne connais pas Miron le magnifique. L'homme fut, dans sa jeunesse, assez semblable à toi. Absolu, intransigeant, amer et révolté. Te raconter son histoire serait long et fastidieux – et puis sans doute sa trajectoire est-elle en grande partie indéchiffrable. Déjà, à ton âge, il écrivait :

> *Un jour je mourrai au loin*
> *je reviendrai chez nous pour y être enterré*
> *comme n'y étant jamais venu.*

C'est que le jeune homme avait amère conscience qu'il était d'une origine immémoriale et que malgré tout sa naissance était à venir. Difficile de désembrouiller ça, mais je vais essayer, même s'il est sans doute trop tard pour toi. Nous ne sommes pas nous-mêmes – enfin, pas seulement. Et nous ne sommes jamais assez nés – c'est Pierre Nepveu qui écrit ça, à propos de Gaston Miron. Vois-tu, c'est exactement de cela qu'il s'agit : la sainteté, la sagesse sont des prétentions, des pièges, je dirais même des attrape-nigauds. Le but ou, si tu aimes mieux, l'idéal est un appât artificiel, un leurre, un trompe-l'œil. Personne ne sait, rien n'est sûr, le temps lui-même n'est qu'une fiction, sans doute même un mensonge. Dans ces circonstances branlantes, notre fragilité est notre seule force, notre ignorance notre seul savoir, l'éveil

notre seule ingéniosité. Et l'impatience, le seul péché
– que tu as commis, que je te pardonne, mais que je
déplore. Car qu'as-tu fait des autres, qui étaient aussi
toi-même ? Nous sommes au moins autant les autres
que nous-mêmes. Surtout, qu'as-tu fait de ton père,
qui t'aimait – peut-être mal, mais aimer comme il
faut est aussi un mirage – et qui jamais ne guérira de
ta violente disparition ?

Te reposes-tu, au moins, dans tes limbes ?

Mon ami poète, que tu n'as pas connu – ton père
m'assure que tu n'as jamais ouvert un livre de ta
courte vie – et qui a duré jusqu'à se *rapailler* quasiment entièrement, te dit :

> *Chaque fois j'ai saigné dur à n'en pas tarir*
> *par les sources et les nœuds qui m'enchevêtrent.*

Tu as bien entendu ? *Chaque fois !*

La souffrance est une étrange affaire. Elle prend
ses aises à ton insu, se love entre chair et peau, s'en-
gouffre, rayonnement d'un soleil noir, dans l'une
puis dans l'autre cavité de ton cœur, t'irradie le fond
de la tête, plus sournoise et plus perverse que la
drogue dont tu abusais. Te voilà envahi, stupéfié, attaqué, sans défense. Et alors, insidieusement, ta pensée
s'encanaille : « Qu'ai-je fait, qu'ai-je négligé de faire ?
Comment diable en suis-je arrivé à croire que je ne
durerais pas éternellement ? » et ainsi de suite, sans

finir. Les mots autrefois loyaux se tournent contre toi et t'imposent une théorie de jongleries empoisonnantes. Tu te dis et te répètes : « J'ai brûlé la chandelle par les deux bouts, j'ai jeté mon argent par les fenêtres, je me suis drogué jusqu'à l'abrutissement, j'ai dilapidé mes dons, me suis compromis avec des idiots, avec des salopards, j'ai mangé mon blé en herbe, mené grand train en compagnie de vauriens qui m'ont volé ce que je ne savais même pas posséder et qui était mon bien le plus cher, mon innocence. » Alors, en plus de pâtir, tu as honte. C'est ce qu'on appelle le malheur. On espère que ça ne durera pas, mais comment savoir ? J'ai été comme toi, à ton âge, et j'ai bien failli moi aussi foutre le camp.

Dis-moi, j'aimerais tant savoir, bien que ça ne me regarde en aucune façon : as-tu été celui qui se retourne et se cherche dans le passé, ou celui qui marche vers l'avenir, le devançant dans sa folie ?

Mon ami, le biologiste écrivain américain Barry Lopez, écrit :

Ce sentiment de la perte, ce poids du chagrin, cette impression d'avoir sans cesse à affronter sans défense une vague menace, sont des émotions bien amalgamées au fond de nous. L'effroi que l'on ressent face à un pouvoir extérieur qui travaille contre nous fait que nous devenons soupçonneux, récalcitrants, et alors nous reculons devant l'amour.

Le mal qu'on endure, on ne doit pas le faire subir aux autres. Il faut retenir sa plainte, étouffer le gémissement qui nous brûle la gorge. Il nous faut lancer dans la poudrerie la clameur d'insurrection. Il n'est jamais trop tard pour se dire : « Ça va passer. Déjà, ça s'estompe. »

Tu vois, ce matin, sans le vouloir, sans le savoir, j'ai blessé F., et elle est allée souffler ailleurs. C'est comme ça : on fait mal à l'autre et l'autre nous fait du mal sans le faire exprès. Je l'attends. Ça va passer. Déjà ça s'estompe. Ça va aller. J'ai de la chance, elle m'aime et elle sait. Toi, tu n'avais personne.

*   *   *

J'achève la relecture des épreuves de mon roman, *Le Petit Voleur*. Comme chaque fois, je suis éberlué de la ténuité, de la fragilité, de l'inconsistance… Je m'arrête, ma complainte est archiconnue et moi-même m'assomme. Miron :

> *Je ne veux plus écrire. Ils ne comprennent pas ça. Ils ne savent pas combien c'est disloqué dans ma tête. Est-ce que quelqu'un dans le monde va me dire que je suis fou ?*

En tout cas, le livre est fait. Amen et que le lecteur lui prête vie.

Laisser paraître. Pour moi, c'est presque le mouvement principal, l'état principal. Que les choses qu'on voudrait raconter « paraissent » d'elles-mêmes, se transforment en langage. Oui, laisser faire, laisser paraître. Bien sûr, de temps en temps, il faut y mettre la main aussi. Peter Handke

*   *   *

Dans un café. Je lis, tente d'écrire un peu. C'est le soir, la neige tombe doucement dans la fenêtre. Je ne suis personne, ni moi, ni quelqu'un d'autre, ni même le personnage du roman que je ne lis que d'un œil. Mon esprit est occupé à rêvasser d'une autre vie, d'un autre temps, d'une autre ville, d'un ailleurs où je serais, rêvant d'un autre ailleurs. Je me répète « tu es libre! » et rigole en sourdine. Libre, qu'est-ce que ça veut dire? Je suis à la fois fatigué et pétant de santé, en même temps au bout de quelque chose et au commencement de je ne sais quoi. C'est ensemble commode et inconfortable. Autour de moi on lit, on se chuchote à voix feutrée des secrets qui semblent de tout repos, on pianote sur les touches d'un clavier – on jurerait entendre la course légèrement alarmée d'une souris sur un comptoir de cuisine. Je passe d'un livre à l'autre – il y en a trois, en tipis, sur la table –, conversant avec de grands amis, qui pourtant ne me connaissent pas, dans une sorte de *shop talk* où la musique des mots compte au moins autant que la signification des propos échangés.

Peter Handke :

Ce qui se passe en marge est souvent essentiel dans le déroulement d'une histoire. Ce qui serait grave, ce serait si tout était prépensé dans la tâche journalière de l'écriture.

Georges Picard :

Nous avons déjà tellement de contraintes à assumer. Qu'on nous laisse la liberté d'être inconséquents si nous en avons envie.

Marcel Proust :

C'est quelquefois au moment où tout nous semble perdu que l'avertissement arrive qui peut nous sauver. On a frappé à toutes les portes qui ne donnent sur rien et la seule par où on peut entrer et qu'on aurait cherchée en vain pendant cent ans, on y heurte sans le savoir, et elle s'ouvre.

Et, tiens, le poète que j'ai dans la poche de ma veste, Mahmoud Darwich :

— *Pourquoi te bats-tu ?*
— *Pour un jour sans prophètes.*

Le temps à la fois passe et ne passe pas. Une horloge compte l'éternité de l'instant. Tout est bien, je n'en demande pas plus. Même la souffrance se fait sournoisement tranquille. Elle attend. J'attends avec elle. Je note : à mettre en exergue de mon livre, *Now is the winter of our discontent made glorious summer.* La formidable réplique que clame Richard le troisième dès le lever du rideau, parce qu'enfin le sombre nuage, depuis trop longtemps suspendu au-dessus du clan des York, se dissipe : son frère Edward est roi.

Le rude hiver de mon mécontentement, radieux été ? Admettons.

Le mal battant en sourdine et me laissant un peu tranquille, je m'amuse au jeu poétique que me propose Hubert Haddad. Il s'agit de recopier sur une feuille un vers aimé, puis d'y aller d'un vers de son cru, de revenir au poème titulaire, de le parachever, et ainsi de suite, sans s'arrêter, comme ça vient. Les vers en italiques sont ceux des vrais poètes. Ensemble, Aragon et moi écrivons donc :

Immobile attendant après l'aube ton aube
jaune comme le dedans d'un fruit
tandis qu'en moi fleurit une chose indicible
qui me fait plus riche d'heure en heure

je suis plein du silence assourdissant d'aimer
sans espoir et sans impatience.

Avec Pierre Reverdy, nous faisons :

Plus je crie plus le vent est fort
arc-bouté au ciel je tiens vaille que vaille
je cours sur la route après les feuilles
foulant l'été l'herbe et mon cœur
le soleil est un aimant
et c'est ta main posée sur mon visage.

Et en compagnie de Miron :

C'est moi maintenant mes yeux gris dans la braise
attelé à temps mort et à peine perdue
c'est mon cœur obtus dans les champs de tourmente
pardonné errant n'oubliant pas sa misère
c'est ma langue dans les étapes des nuits de ruche
râpeuse d'espérer dans les émiettements d'étoiles
c'est moi cet homme au galop d'âme et de poitrine.

Contrefaçon fraternelle, piratage par amour, usurpation cordiale, de compère à compère, en toute absence de cérémonie. Et on en sort comme douché à l'eau de source, la langue poncée, le ton alerte, l'accent effilé, le style aux abois. Les poètes boivent à même la blessure du fruit, se reposent à même l'insomnie, s'envolent à même l'empêchement. Ils nous donnent la permission d'exagérer pour mieux voir et faire voir. Même verrouillés par la peur, la honte ou la fatigue, les rencontres qui n'ont pas lieu, la mort en chemin, tragiquement ils s'amusent, et c'est miracle dans le labyrinthe.

Il arrive souvent que l'homme malade soit l'infirmier de l'homme sain, écrit Thoreau. Peut-être le brave patient en moi guérit-il le médecin charlatan – ce truqueur fanfaron qui se croyait à l'abri de tout ?

*   *   *

Ni neige, ni vent, ni gel, ni fonte : cet hiver me ressemble. Timoré son commencement, hors saison l'éclat de son ciel, équivoque son alanguissement, incertain son avenir. Dans la nuit me sont apparus des clones de moi-même, sortes de robots obéissant à des impulsions depuis longtemps caduques, depuis belle lurette répudiées par ce que j'appellerai mon « vrai moi », faute de savoir comment désigner l'entité un tant soit peu éclairée en moi et qui veille à ma sauvegarde. Je fais du style et pas du meilleur. Il vous faut me supporter comme ça, ce matin, comme je tente moi-même de le faire. La nuit m'a quasiment assassiné. D'où viennent ces autres nous-mêmes, s'en prenant à ces autres autres, qu'on a la faiblesse d'aimer ? Dans le songe, nous ne sommes plus nous-mêmes, ils ne sont plus eux-mêmes : changés en cruels justiciers, nous nous étripons les uns les autres, sans aucune forme de procès. C'est à désespérer de la toute petite force de l'amour, de la chétive résistance de l'amitié et de l'imbécile intelligence qui nous tient lieu de clairvoyance.

Je sors sur la galerie, chantonnant à mi-voix ces mots désopilants de Jacques Prévert : *Vivre, c'est être condamné à avoir la tête bourrée.* Ça fait du bien. Du coup, le soleil sort de ce guillochis de coton à fromage qui survole les pins depuis trois jours. Tout est soudain changé. Il fait clair en moi, la fardoche de ma nuit se couche comme les herbes folles de la savane sous la brise qui se lève. Insolation providentielle, oxygénation imméritée, résurrection que je savoure comme un fruit défendu. La chienne est contente, sûre que nous allons enfin nous promener. L'importance tombe de moi comme tombe le vent à six heures du soir en été.

Le désespoir est une drogue de mauvaise qualité : il rend malade sans rien vous faire voir de neuf.

*   *   *

Pour une fois, le journal est optimiste. Je résume : dans la balance universelle, pas un chef-d'œuvre littéraire, pas une victoire militaire, pas même un prix Nobel de la paix n'équilibre LifeStraw, cette paille magique imaginée par le Suisse Mikkel Vestergaard Frandsen. Il s'agit d'un filtre portable qui rend l'eau potable grâce à des membranes dites à fibres creuses. Grâce à la savante invention, boire l'eau d'un ruisseau ou d'une flaque ne présente plus aucun risque. Trois millions d'infections en Afrique il y a dix ans et deux cents cas seulement cette année.

Nos idées sont les succédanés de nos chagrins.
PROUST, il va sans dire.

Pluie battante, vent du diable. Je poursuis à perdre le souffle les plats des chats que la bourrasque charrie à hue et à dia. La chienne aboie en hauteur, histoire de répondre au déchaînement assourdissant du cosmos. Elle déchiquette l'air à en claquer des dents. Je l'imite et ce faisant me mords la langue, ce qui me fait rire aux larmes, et alors la chienne s'écrase devant moi comme si mon faux chagrin était de sa faute. Ce qui me fait redoubler de rire.

Trêve de facéties, j'ai mes quenouilles à couper, là, moi! La glace du lac est prise solide, ça ira comme par enchantement.

*   *   *

Le grand ouvrage, pourquoi nous semble-t-il toujours à faire, toujours à venir, jamais réalisé ? Que signifie cette obsession de l'œuvre capitale, celle qui nous appelle, nous polarise, s'esquive et nous échappe ? Tapisserie de Pénélope qu'on tricoterait et détricoterait, histoire de faire durer le temps qui nous sépare de notre fin comme d'un retour inespéré ? Équivalent du Graal qui couronnerait une quête où à flots le sang a coulé ? Paradis avant la fin de nos jours ? Honte du simple maçon qui ne bâtit pas la cathédrale, mais enchâsse des pierres l'une dans l'autre, sans connaître le plan du grand édifice, sans soupçonner la magnificence de l'entreprise qui lui casse les épaules ?

*   *   *

Chacun craint *Noël au balcon, Pâques aux tisons*. À la caisse populaire, au bureau de poste, chez le boulanger :

— On va y goûter t'à l'heure !

— On n'a pas eu d'automne, on n'aura pas de printemps !

— Les sucres, on oublie ça c't'année !

— Si la marmotte est pas sortie trois fois sans voir son ombre, est pas sortie une fois !

— Mauvais signe !

— Tu parles!

Si hors saison qu'il soit, l'ensoleillement d'aujourd'hui est une bénédiction. En bras de chemise, je gagne la pinède, pataugeant dans une neige en grains qui me piège les bottes. L'aube m'a trouvé dans la fenêtre, attentif au firmament ensanglanté. Le poison de ma nuit a coulé de moi comme le pus d'une plaie. Délivré, je suis descendu dans la cuisine, aromatisée par F. de la bonne amertume du café. Déjà la lumière culminait au-dessus des pins. Au fond de ma tête, une douzaine de mots de David Bosc, accrochés là depuis la veille au soir : *Aucun chemin n'est celui de la liberté. Les gens, quand ils sont libres, vont par tous les chemins.* Les vocables creusent un sillon, l'âme y glisse comme loutre dans la glaise. Les mots travaillent à la lisière du perceptible, là où nous ne cessons de nous transporter, allant de l'absence à la présence, du désir à la frousse, de l'inquiétude à la confiance. C'est compliqué, tout ça – je veux dire, cette faramineuse électricité du réseau des mots, ces éclairs qui zèbrent sans cesse en nous comme ceux d'un ciel d'orage. Les raies, mouchetures et chamarrures bariolant les toiles de Riopelle, cet éclabousseur cosmique, sont peut-être ce qui donne le mieux à voir le parcours étoilé, extraordinairement véloce – émotion et sens ensemble au travail – des mots trouant notre matière grise, têtes chercheuses filant vers partout et nulle part à la fois, pur jeu spontané de neurones libres. On peut en devenir fou. On peut débrancher le courant. Mais on peut aussi rester attentif et voir apparaître l'indicible. C'est ce que fait l'écrivain, qui a avec les mots, comme on dit, un méchant contrat.

*   *   *

Je reviens vers la maison en suivant les traces d'un chevreuil dans la neige. Ne nomme-t-on pas « ravage » ces signes qu'abandonne, comme l'écrivain les siens, sur le papier ou l'écran, la horde de cerfs rassemblée pour passer l'hiver?

La science n'est pas en reste, question complexité. Oliver Sacks :

Le lien entre connaissance et perception ne cesse de me fasciner. Par exemple, il existe certaines espèces d'arbres aux fruits rouges et orangés qui ne seraient apparues qu'au cours des derniers trente millions d'années, en lien avec l'évolution de la vision trichromatique chez certains singes et gorilles. Alors que les oiseaux, eux, possédaient cette fameuse vision trichromatique depuis fort longtemps.

*   *   *

On est toujours le seul à avoir vu ce qu'on a vu,
écrit Borges. Raison de plus pour ouvrir l'œil et le
bon. La grêle, ce matin, billes de gel tourbbillonnant
dans le vent chaud. À la surface du lac, un anneau de
glace du vert de l'absinthe dérive, poussé par une
fourbe brise du sud. David M. Ludlum, de la National Audubon Society, nomme *silver thaw* – « fonte
argentée » ? – ce faux printemps aux allures de catastrophe, la formation puis la chute, depuis le nuage
– stratus ou cumulonimbus – de ces gouttelettes
qui se sont cristallisées, de ces boulets fossilisés qui
dégringolent du firmament comme une ondée de
boules antimites – *falling ice cristals* – et qui rebon-
dissent en heurtant toute surface solide « comme des
balles de ping-pong ». La pluie de blancs météores
survient quand le thermomètre affiche exactement
zéro degré Celsius. J'aimerais bien être témoin du
phénomène qui succède parfois, en bordure de mer,
à la *silver thaw,* et que Ludlum nomme *red snow* :
dunes de neige à la surface desquelles se déposent
des particules couleur rouille de certaines algues
microscopiques qui, pour ainsi dire, pollinisent à
l'avance !

Les scientifiques sont des poètes qui s'ignorent.

Je cueille au creux de ma paume trois de ces
minuscules icebergs et les traîne, tout frais et fleurant légèrement l'encaustique, dans ce qu'un de mes
amis appelle mon « cabinet de curiosités » – comme

ces antres d'ogres un brin timbrés du XIXe siècle, collectionneurs de raretés, anomalies, spécimens et trouvailles de tout acabit. Le temps d'ouvrir le *Journal* de Thoreau – il me faut repérer un poème de l'ermite de Walden qui me trotte par la tête depuis une heure –, les bijoux de la *silver thaw* ont bien sûr fondu. J'en suis quitte – histoire de chanter les louanges de mes *falling ice cristals* liquéfiés – pour composer, emmêlant Thoreau et Miron, une autre de mes petites élégies désopilantes – à toi de voir qui est quoi :

> La glace impatiente se fissure
> le cœur parti dans la dernière neige
> les elfes lacustres dansent à claire joie
> les bonheurs qui d'habitude arrivent
> pour parer aux pincements du froid.

*   *   *

Notre vie est si peu chronologique. Un événement ancien est souvent plus poignant que le surgissement le plus récent. *Past is,* écrivait Faulkner. *L'arrière-monde* dont parle Claude Lévi-Strauss, c'est-à-dire l'ensemble de récits, de souvenirs, d'images, de façons d'être et de penser, et même de postures du corps dont on hérite au jour de sa naissance. La légende qui nous précède et nous accueille est tout aussi déterminante, sinon plus, que ce que le brillant ethnologue appelle nos *accidents biographiques*. Inflammables nous sommes aux brûlants rappels de ce que nous avons été. Lévi-Strauss, qui a savamment fait la preuve – *Tristes tropiques* – de la faillite de la civilisation occidentale, insiste sur le fait qu'*être moral, c'est être mécontent de soi,* qu'une profonde réforme de soi est nécessaire pour qu'advienne un nouvel humanisme, un nouvel homme. Que la tâche du philosophe d'aujourd'hui est *celle du prophète et du martyr.* Il va même jusqu'à affirmer que des électrocutions répétées sont nécessaires – c'est-à-dire des contacts avec d'autres cultures, d'autres mondes – afin de faire contrepoison à *la folie mentale face à l'altérité de l'autre,* dans notre *société sans bifurcations.* Il raconte l'ironique malentendu de ses succès scolaires, son imposture de bon élève caméléon – oh, comme je me reconnais ici ! –, évoque la vacuité de l'enseignement qu'il a reçu, le profond *manquement des choses* et qualifie, citant Paul Nizan, de *chiens de garde* les responsables de cette transmission de connaissances obsolètes. Prêchant la contemplation *savante et rêveuse* de la nature – on reconnaît ici Thoreau –, il écrit : *Le contact avec la nature représente la seule expérience humaine éternelle, la seule dont nous soyons sûrs qu'elle soit une expérience véridique.* Une *énergie vibrionnante* escorte *ces chocs perceptifs,* ce qu'il appelle *le bonheur de la dissolution de soi.*

Cette imposture de ne pas être à la hauteur du défi de vivre, cette honte, cette dévalorisation de soi dans la quête d'un improbable absolu, je n'ai jamais cessé de les dénoncer, sans violence, bien sûr, avec, disons, la douceur et le dénuement de mes ancêtres. *On cherche à comprendre pour ne pas s'ennuyer,* écrit Lévi-Strauss, persuadé que l'ennui conduit au massacre. On ne peut plus parler aujourd'hui des droits de l'homme, mais bien des droits du vivant. De la responsabilité de l'homme dans le grand dossier des droits du vivant. L'estime démesurée accordée aujourd'hui à l'individu, à la prétendue modernité, la nôtre, la modernité occidentale, objet de toutes les espérances et de tous les défis, depuis un bon moment déjà tombe en poussière. *Circulez, il n'y a plus rien à voir!* clame l'ethnologue. Il nous faut développer et entretenir ce qu'il appelle *le goût du bricolage,* c'est-à-dire ce plaisir passionnel et gratuit de chercher à résoudre des problèmes, nous montrant ainsi plus proches de la création que de la réaction; prendre note du hasard, refuser de blâmer, ne pas craindre de bafouer l'effervescence postmoderniste et, au-delà de tout, croire à la révélation, aux signes et aux *prodiges.*

Le bricolage, c'est avoir un problème à résoudre. C'est avoir à sa disposition des éléments qui sont le fruit du hasard et qui n'ont souvent aucune relation avec le problème à résoudre. Et puis, un effort de pensée qui est : comment est-ce que je vais m'en sortir avec ces éléments qui viennent d'ailleurs pour résoudre le problème particulier qui m'est posé maintenant ? Ça, ça me paraît essentiel dans le fonctionnement de la pensée humaine.

*   *   *

L'un réveillait l'autre, avant le point du jour. Dans la fenêtre de la chambre de l'un, de l'autre, de l'autre et de l'autre encore, des hiéroglyphes de givre, alphabet encodé que Vallier, dévoreur de bouquins, savant en tous domaines et un peu bénédictin à ses heures, interprétait, nous faisant glapir d'un bon rire défendu dans la nuit du couloir. Gilles immanquablement dégringolait la moitié des marches de l'interminable escalier, engourdi dans la pénombre comme en pleine clarté. Comment Fabien parvenait-il à mettre un pied devant l'autre sans se réveiller ? C'était la mi-février – comme le jour d'aujourd'hui – et le carnaval battait son plein. Nous avions été désignés pour l'arrosage de la patinoire, dans la lueur violacée de l'avant-jour. Redoux, rigoles déjà en bordure du sentier qui serpentait derrière le bâtiment principal du collège, neige granuleuse qui chuintait sous nos bottes. Les étoiles s'éteignaient une à une, chacune abandonnant à sa place un halo où je voyais l'œil dilaté de l'ange chargé de veiller sur moi. En marchant, je leur racontais la suite de l'histoire de la veille, un conte que je n'en finissais pas de développer, compliquer et rallonger, au point de ne plus me rappeler lesquels étaient les bons et lesquels les méchants parmi ces personnages qui naissaient de ma cervelle engourdie. La souveraineté de notre liberté de nuit, cette euphorique dispense de sommeil nous rendait mi-imbéciles mi-poètes, mais en tout cas contents comme des voleurs de pommes. La buée que nous soufflions en chœur dans le petit matin frisquet faisait de nous des Verlaine exhalant l'analgésique fumée du hachich et Vallier récitait à perdre le souffle *voici des fruits, des fleurs, des feuilles et des branches,* pendant que Gilles, Fabien et moi déroulions le long serpent gelé de la lance d'arrosage. Je continuais de nous savoir affranchis, libres, sauvés, enivrés à quatre dans l'aube rouge, poignante comme le surnaturel et sanglant lever du jour d'un conte d'Edgar Allan Poe.

Vallier fourrait un livre dans ma poche sans que je m'en aperçoive – je le découvrirais à midi, sous le marronnier de la cour, et m'empresserais tout le reste du jour de le décrypter, séchant mes cours et risquant la plate retenue, histoire de l'épater, le soir même, au réfectoire : *Tandis que j'agonise* (Faulkner), *L'Homme révolté* (Camus), les poèmes de Saint-Denys Garneau. Fabien roucoulait d'un bonheur animal parfaitement contagieux et je le suivais dans la remise où il me dégourdissait joyeusement, pendant que de la chapelle déjà s'échappaient les premiers grondements de l'orgue. Gilles taciturnement y courait, appâté par la perspective d'un apaisement qui sans cesse lui faisait faux bond. Il ne se retournait pas en m'entendant lui crier mon énigmatique mise en garde – un proverbe arabe ou chinois que j'avais déniché je ne sais où : *La promesse de la chenille n'engage pas le papillon !*

Nous avions seize ans, ce que les grands appelaient « la vie » n'était pas commencé encore, nous étions innocents et pervers dans le même battement de paupières. Bien sûr, de temps à autre une certaine hâte de nous convertir au catéchisme de la vision commune nous taraudait, une espèce de honte, déjà, mêlée au désir d'en finir avec l'enfance enfermeuse. Mais, dans l'ensemble, nous étions inimaginablement contents d'être vivants, à la fois dociles comme des enfants d'école et tourmentés comme des diables.

Je suis sûr que tu sais de quoi je parle.

*   *   *

Je suis tombé. (Quand on entendait « il est tombé », chez nous – monsieur Charlebois ou madame Saint-Onge – on pensait tout de suite à la mort.) J'ai donc sacré le camp sur le cul en rentrant du bois de chauffage. La neige fondue d'hier a regelé, il est tombé une petite couche de neige nouvelle pardessus et j'ai glissé, puis plané, les quatre fers en l'air, et me suis retrouvé sur le dos, sous l'épinette, la tête auréolée de bûchettes comme un saint espagnol de poignards, la chienne au-dessus de moi comme un monstre fabuleux qui me dévisageait d'un air courroucé qui m'a chagriné à me tirer les larmes. L'hiver de mon mécontentement persiste et signe. J'en suis quitte pour la frousse. Je blâme inutilement ma témérité et file m'allonger sur le divan de mon hiver sans force. Au passage, j'attrape *La Détresse et l'Enchantement* – le livre n'est jamais bien loin, sa couverture souillée d'éclaboussures de café, de giclées de sang de framboises, ses pages en oreilles de chiot, leurs marges bigarrées de signes cabalistiques. Gabrielle Roy raconte que, désirant se rendre chez son oncle Cléophas par mauvais temps – début avril, dégel, chemins défoncés, champs boueux –, elle emprunte la voie ferrée pour franchir *au sec* la distance qui la sépare de la ferme. Après être montée sur la *petite plate-forme volante,* son levier actionné à bras par le contrôleur, et avoir filé avec lui dans la brise printanière, le long des fossés, bercée par le *chant de l'eau libérée,* elle demande qu'on la laisse descendre au bord d'un chemin boueux qui longe un ruisseau *grossi à la taille d'une rivière emportée.* Ni ciel ni terre ne sauraient l'empêcher de traverser. Elle avance lentement, de l'eau glacée jusqu'aux genoux. Sous un reste de neige, ses bottes s'enfoncent dans la vase, soulevant à chaque pas de grosses galettes de boue. Une plaque de glace la porte un moment, puis cède sous son poids. Le soir descend et sa lampe de poche a coulé tout au fond. Son manteau gorgé d'eau l'entraîne dans l'eau souterraine. *Une vive curiosité, avide, tourmentée,* l'assaille et tout haut elle s'écrie : *Je suis donc mortelle ?! Je pourrais mourir ici, à trente pas de la maison tant aimée, si proche de l'amour que l'on a pour moi ?!* Longtemps elle reste étendue sur le dos, dans la neige qui la supporte tant qu'elle ne tente pas de remuer. Après avoir repris quelques forces, elle s'extirpe de son piège et atteint la route. Là, un irrésistible désir lui commande de se laisser tomber sur la terre glacée du chemin pour y dormir enfin. Et puis, miracle, voilà que lui apparaît la maison tout éclairée ! Arrivée à la porte, elle fait ce que d'habitude elle ne fait jamais, elle cogne. *Je les vis tous tels qu'ils étaient, aimables et bons, un moment encore, dans le carré de lumière, mais eux pensaient avoir affaire à une malheureuse, chassée ou perdue.*

L'affreux trajet! Je le refais encore dans mes rêves.
De fosse en fosse je repasse, les creusant davantage. Elle
revoit aussi la maison de l'oncle Cléophas, la maison
de sa résurrection et elle écrit : *Là où nous avons été*
heureux, nous ferions tout pour retourner, serait-ce au
prix des derniers battements de notre cœur.

*   *   *

Y eût-il jamais plus belles noces que celles de
Céleste et de Marcel? Christian Péchenard – *Proust*
et les autres – en parle à merveille :
L'homme et l'écrivain ne faisant qu'un monstre
d'une redoutable séduction, Céleste Albaret, qui
était une jeune paysanne timide et réservée, *une race*
dont on ne peut pas venir à bout, succomba sans toutefois céder. Ses vertus inexpiables faisaient d'elle *une*
lointaine cousine d'Électre ou d'Antigone, c'est-à-dire
une compagne à la fois obéissante et impitoyable.
Les caprices du maître s'avéraient d'un ésotérisme
stupéfiant. Devant la moindre bagatelle il était d'une
intolérance absolue, religieuse. La simple fabrication
de son café du matin demandait mer et monde à la
pauvre fille. Les filtres devaient provenir de telle maison et non pas d'une autre, le mélange devait être
passé selon un rituel qui tenait plus de l'alchimie que
de la simple opération culinaire. À cause de l'asthme

du maître, il ne fallait jamais faire le ménage dans sa chambre où planait une poussière à trancher au couteau. Ses innombrables lettres et colis devaient être livrés en main propre, aux quatre coins de la ville, selon un ordre et des indications qui défiaient toute logique et tout bon sens. Il fallait écouter le saint patron raconter sans finir, sur le pas de la porte, au petit matin, telle soirée ennuyeuse *mais instructive* chez telle duchesse d'un charme et d'une perversité irrésistibles, telle rencontre dans l'escalier du Ritz d'un vicomte tenant par le cou son cocher comme s'il s'agissait d'une fille de rien, ne pas se laisser scandaliser par le récit de telle séance de flagellation dans tel hôtel particulier – très particulier –, où son devoir d'exactitude littéraire l'obligeait à se rendre, bien contre son gré.

Proust, cet éternel réformé des plaisirs de la vie, devint l'embusqué de la mort. Ayant littéralement traîné Céleste avec lui au grand hôtel de Cabourg et ne sachant pas quoi en faire – le service de l'hôtel était assuré par de jeunes grooms et liftiers tout à fait adorables –, il entreprit de lui révéler ses fameuses intermittences du cœur, ses colombes poignardées et autres hécatombes et misères du désir inaccompli. Son cœur inguérissable émut Céleste aux larmes. Elle entreprit aussitôt de trouver remède, sinon à sa maladie d'amour, tout au moins à son inexplicable désordre. Il fallait que le grand homme se délivre avec plus de méthode sans pour autant abandonner l'urgence de dévoiler, et à toute vitesse, ce qui le dévorait. L'idée des *paperolles* est celle de Céleste – ces rallonges aux pages des cahiers du maître, si saturées de notes, d'idéogrammes, de ratures et de flèches qu'elles condamnaient à la perdition quiconque, y compris et surtout lui-même, aurait été assez follement téméraire pour s'y aventurer. Du coup, le désespoir de l'écrivain comme une fièvre tomba et la *Recherche* trouva ce second souffle inespéré qui durerait jusqu'à la fin du grand œuvre. Et comme Céleste était une tombe, personne ne sut jamais rien de cet échange de bons procédés, plutôt échange de consentements, entre deux êtres attachés l'un à l'autre par la plus douce, la plus tendre et la plus solide des affections. Pour Proust, ni plus ni moins qu'une résurrection, et pour Céleste une façon d'entrer en contact avec le génie sans rien en connaître.

Si Céleste n'avait pas été à côté de lui, sans doute serait-il mort plus tôt, laissant son œuvre encore plus inachevée… C'était la femme que Proust aurait rêvé d'être, pourvu qu'il ne fût pas contraint à cesser d'être lui-même.

*   *   *

Jour couleur de muraille, ciel d'argent mat, les pins, d'un vert-noir de fer corrodé, montent la garde en bordure du chemin où je ne m'aventurerai pas, ce matin, *because* le mal et la frousse de tomber. On se sait vieux à partir du moment où la peur nous mène. À la fin, mon père disait : « Je suis vieux comme les rues », ou encore « je suis de vieille roche », et alors je le voyais, homme-monument avançant à laborieuses enjambées dans une rue bordée de cabanes délabrées. J'en suis quitte pour l'amitié consolatrice des livres. Je ne les aurais pas eus à mes côtés que ma vie aurait été un interminable chagrin, tant le court horizon du jour le jour m'a toujours rétréci l'appétit d'aventure.

Incidemment, Jacques Cayouette m'a tout récemment fait parvenir son beau livre – *À la découverte du Nord, deux siècles et demi d'exploration de la flore nordique du Québec et du Labrador* – et m'emmène ce matin aux abords du cratère météorique du parc des Pingualuit, Nouveau-Québec, territoire englobant la bordure sud de la fosse de l'Ungava. Le cirque formé il y a 1,4 million d'années est un des plus jeunes et des mieux conservés au monde. Une photographie réalisée par Norman Dignard fait rêver. Il s'agit exactement du beau *lac quelque part au monde* de la chanson de Vigneault, *ouvert sur la nuit profonde, un cristal frileux*.

Sache donc, cher Vigneault, qu'il y a 1,4 million

d'années le lac que tu disais avoir pour elle, quelque part au monde, naissait à l'insu des hommes et peut-être de Dieu lui-même au nord du soixante et unième parallèle, sous une voûte céleste trouée d'étoiles déjà mortes et qui néanmoins étincelaient de mille feux. Mais, bien entendu, tu savais déjà tout ça.

*   *   *

Le Docteur Jivago, que je relis pour la troisième fois. Iouri-Pasternak rameutant toute la grande Russie, convoquant, les emmêlant, Russes rouges et Russes blancs, leur rappelant que leur vie n'est *ni une matière ni un matériau*, que c'est à peine si elle a besoin d'eux pour se développer, qu'elle se fait, se défait et se refait éternellement, qu'elle est au-dessus et au-delà des théories qui font couler le sang. Pasternak paiera cher sa perverse et dangereuse ambiguïté. Mais pour l'heure, il est jumelé à Iouri, la Révolution n'est pas son brasier et Lara est le seul système solaire qu'il connaisse.

Ils s'aimaient non parce qu'ils ne pouvaient faire autrement. Ils s'aimaient parce que tout autour d'eux le voulait : la terre sous leurs pieds, le ciel au-dessus de leurs têtes, les nuages, les arbres, les inconnus dans la rue, les pièces dans lesquelles ils se rencontraient.

*   *   *

De toutes les premières phrases de mes romans entrepris puis abandonnés, celle-ci :

Je suis souvent allé rôder à l'orée de ce grand bois qui arrête le jour et respire comme un océan.

Il y a du Chateaubriand tapi en chaque écrivain qui débute et donc méconnaît ses moyens. Mais voilà, on écrit. On écrit, abondamment d'abord, ignorant la vraie nature du souffle qui nous habite. On fabrique trop de phrases, enfile trop de mots. Il nous faut tout dire et très vite, comme si déjà, trop tôt, la lumière baissait. Et puis, brusquement – mais tout de même au bout de quelques milliers de pages composées dans une urgence qui soudain nous apparaît insensée –, on se met à faire bref, sec et vif. Le flot impétueux s'est calmé, on a enfin admis, accepté, l'énigme que l'on est à ses propres yeux. On a enfin compris qu'aucune carte n'a été tracée pour celui qui part à la conquête de lui-même. Moi qui ai toute ma trop courte vie ensemencé et sarclé un trop grand jardin, moi pour qui le merveilleux ne signifie rien sauf quand il m'attaque par surprise, moi que la pesanteur recloue sans cesse à sa place, moi qui ai la passion des autres au détriment de moi-même et qui ne m'en soucie pas, je dis aujourd'hui comme Jean Cocteau :

J'aime les autres et n'existe que par eux. Sans eux mes balles sont perdues. Sans eux ma flamme baisse. Sans eux je suis fantôme. Que je m'éloigne de mes amis, j'en cherche l'ombre.

*   *   *

Neige couleur peau de pêche sur laquelle sont couchées les longues ombres fuselées des épinettes. La promenade est si enlevante qu'on ne dit rien, F. et moi, tout entiers livrés à l'explosion incessante du soleil qui se meurt. Cinq heures de l'après-midi ne sont déjà plus cinq heures du soir : la lumière dure jusqu'à faire croire aux humains comme aux bourgeons qu'avril est derrière la montagne. Nous dévalons la longue côte de Sainte-Anne-de-la-Rochelle, lorgnons, loin tout en bas, un boisé, des champs, trois fermes, une douzaine de chevaux, quatre enfants et leur chien qui semblent fraîchement nés du pinceau du peintre flamand Bruegel, qui savait faire de l'ordinaire une fête à la fois triste et riante, une bacchanale sans façon. Puis c'est la longue vallée vers Waterloo qu'un glacier a creusée il y a de ça je ne sais combien de millions d'années. À vue d'œil l'univers se défait, s'estompe, s'éteint, se rallume et se recompose. Le ciel vire du violet au gris argent, les ombres fuient sous les branches, soufflées par on ne sait quel vent de minuit déjà. On devine le froid cruel, la nuit du loup des vieux récits, le chant des coyotes au fond des bois : ils sont là, tout près, tu vois, là où les branches cassées font des ténèbres de conte noir. Bien au chaud dans la voiture, écoutant Glenn Gould épeler Bach en lâchant de courts ahans de virtuose incertain, nous filons comme en une chasse-galerie, planant dans la nuit déjà tombée et plombée d'étoiles.

— On rentre ?
— On rentre. Le souper est au four.
— T'as froid ?
— Pantoute. Toi ?
— Avec toi tout à côté de moi, jamais.
— Ne me fais pas rire, j'ai les lèvres gercées.

Et nous rions, ensemble et en même temps.

*   *   *

Cher fils de mon chasseur par toi-même assassiné,
Tu sais comment Maxime Gorki définit ce qu'a été

sa jeunesse ? *Une légende cruelle, habilement racontée par un génie bon, mais trop véridique.* Ça te dit quelque chose ?

Prenant le sentier que ton père emprunte chaque fois qu'il vient chasser – ce matin, un étroit méandre de neige gelée dur –, je pense à lui et, bien sûr, à toi. Ton père ne le dit pas, il ne parle plus beaucoup depuis que tu es parti, mais tu lui manques une affaire effrayante. Ce qu'il t'a fait, ce qu'il ne t'a pas fait, ce qu'il n'a pas osé faire, ce qu'il a eu peur de tenter pour toi : tout ça le rend fou, l'empêche de dormir la nuit et le jour le poignarde à tout bout de champ. Si tu avais essayé d'affronter toute la largeur du réel, si tu avais tenté de travailler jusqu'à user ta corde – jusqu'à ce que s'effiloche la corde que tu t'es passée au cou –, si tu t'étais rappelé, juste avant de grimper sur la chaise, la caisse ou le bidon d'essence, dans le garage de ton père, que se lever chaque matin, c'est revenir d'un très long voyage où, dans les ténèbres, chacun a pagayé, tour à tour naufragé, sauvé, perdu, puis de nouveau sain et sauf. Que chacun, chaque matin, n'ouvre les yeux que pour apercevoir la très incertaine suite du monde, le cœur dans l'échec par-dessus la tête, et tout à coup se souvient qu'il y a les autres – oui, dans la répétition, oui, dans l'improbable, oui, dans le risque et même dans le danger – et qu'une certaine clémence, arrachée à l'absurde, autorise l'aventure, encore et encore. Mais non. Ça ne sert plus à rien, tu le sais et je le sais. Je perds mon temps et te fais perdre un peu de ton éternité. Pardonne-moi. Simplement, j'aimerais te persuader de l'inutilité de penser l'impensable. Laisse ça aux autres, ce n'est plus ton affaire. Tenter de comprendre comment la joie cruellement se métamorphose en catastrophe, et vice versa, est un attrape-nigaud, pire, un guet-apens. Tu vois, je crois que tout est affaire de vide et d'invention spontanée, d'empêchement et d'effort. La vie, comme l'art, c'est tout ce que nous ne pouvons pas connaître, encore moins maîtriser. Et la seule possibilité de triompher des embûches, de l'emporter sur les autres et sur soi-même, c'est de continuer sa route, sans jamais oublier qui l'on est fondamentalement et qui, tout aussi fondamentalement, l'on n'est pas. Pour cela, il est indispensable de résister à la théorisation, qui fait de chacun un lanceur de poudre aux yeux, un péroreur qui vante son mérite douteux. Prendre sa revanche sur la vie est une expression vide de sens, tu en sais quelque chose. Tout ce qui est exclusivement personnel, en art comme dans la vie, est insignifiant. Harcelé, provoqué, tourmenté, jamais pourtant on n'est véritablement victime des autres. Il est prétentieux et naïf d'imaginer comprendre. Excuse ma franchise, mais ta disparition m'apparaît comme une sorte d'alibi. La grande Colette – non pas la fille de ton voisin, mais l'auteure d'un très beau livre qui a pour titre *Le Pur et l'Impur* – écrit : *Que sert d'avertir l'aveugle ? Il ne se fie qu'à son infaillibilité bien connue d'aveugle et tient à se meurtrir en toute responsabilité.* Tu as été et tu es toujours cet aveugle qui avance en tâtonnant, se frappe aux êtres et aux choses, au sens et au non-sens et qui, se mettrait-il soudain à voir, continuerait d'avancer les bras tendus. Et ce, parce qu'il n'y a pas moyen de faire autrement ! Tu as en cela la chance d'échapper à l'actuelle névrose statisticienne qui voudrait faire de chaque vivant téméraire un dérangé qui débloque à qui mieux mieux. Je délire, bien sûr tu n'es pas obligé de m'écouter. Tu vois, *chacun a la tête trop petite pour la couronne dont il se coiffe, elle lui tombe vite sur les épaules et devient le collier avec lequel on attache l'animal domestique.* C'est Jacques Ferron, le beau grand hurluberlu, qui écrit ça.

Écoute, je vais te dire quelque chose de très simple et, je crois, de très beau. Tu aurais pu, d'ailleurs, si tu étais resté encore un peu, être témoin de la chose, à mes côtés. La nuit, dès que le chat sauvage, la mouffette ou le matou du voisin approche de la galerie où elle dort, la chienne se met aussitôt à japper à pleine voix et presque tout de suite se lance à la poursuite de la bestiole. Mais si c'est un chevreuil qui, ayant traversé le champ, saute le fossé, longe le jardin et frise le pommier, appâté par les fruits pourris sous la neige, la chienne, sans se lever, sans vraiment s'éveiller, se met à roucouler d'une voix de tête tout à fait inaccoutumée. Si j'ouvre la porte, histoire d'effrayer le chevreuil et de faire taire la chienne, je l'aperçois, allongée sur le flanc, les yeux à demi fermés, le museau pointé vers le ciel, les narines palpitantes, qui hume avec délectation l'effluve soûlant de la bête faramineuse. Ces pleurs à la lune, ce brusque chagrin, ce lamento, ce blues qui vous racle le fond, c'est la psalmodie de l'impossible amour. Tu comprends? Non? Ça n'a pas d'importance. Ça viendra. Tout vient, avec le temps. Et puis, ce matin, comme depuis que j'ai commencé à m'adresser à toi, tu le sais bien, c'est à moi-même que je parle. Mais tu entends, je sais que tu m'entends. Tu entends aussi ce glouglou sous la glace, chant de mars à la mi-février? C'est le fossé au bord du chemin qui se débonde, se soulage, ruisselle, *sostenuto*. La chienne et moi le longeons à pas de loup, comme si le martèlement de mes pas et le cliquetis de ses pattes sur la glace risquaient de le faire taire. De longues ombres maigres sont couchées dans le champ, à présent – quatre heures de l'après-midi – couleur thé très faible. Ça sent la sève déjà et aussi le caillou dégelé. À la ligne d'horizon, des spectres d'arbres à la Jean Paul Lemieux, barrés de fantômes de clôtures, posées comme des échelles à l'horizontale contre le bleunoir des sapins. Je lève la tête vers un ciel mi-fusain, mi-aquarelle, les gris hachurés et les bleus mouillés se frottant les uns aux autres. Le grand vent défait tout ça, le recompose autrement, le temps de le dire. La chienne est contente. Moi aussi et toi avec nous. C'est tout simple, tout bon. Non, ne t'en vas pas tout de suite ! Attends avec moi la nuit complète et sans doute la neige. Savais-tu que pendant l'hiver 1952 il est tombé deux mille quatre cents centimètres de neige sur l'Alaska ? En 1972, en Gaspésie, deux cents centimètres et, la même année, record inégalé, sur le mont Washington, mille cent vingt-deux centimètres de cette neige qui sous peu va nous tomber sur les épaules ? Ça ne t'en bouche pas un coin, à toi ? Mais tu as sommeil et je t'assomme avec mes jongleries. C'est que j'aimerais tant que tu restes. Il me semble, vois-tu, qu'il n'y a qu'avec toi que je peux partager tout ça, qui me brûle la cervelle. En fait, je me rends subitement compte que, sans doute depuis que j'ai commencé ce livre, ces pages, c'est à toi, avec toi et pour toi que j'écris. Laisse tomber ta tête trop pesante sur mon épaule et dors. Moi, je continue. Il le faut. Disons que je continue à la fois à ta place et avec toi. Sache que tout ce qui va suivre sera pour toi, d'abord pour toi. Il arrive parfois, quand on écrit un livre, qu'on aperçoive celui, celle pour qui on avance dans la broussaille des mots. Et alors on continue, parce qu'il y a quelqu'un à l'autre bout du tunnel.

Deux garçons, un petit et un plus grand, se cherchent, de temps en temps brièvement s'aperçoivent, se dévisagent à travers la brumasse d'un langage qu'ils sont pour l'heure les seuls à comprendre et brusquement se sourient. C'est toi et moi.

*   *   *

Le monde avait si grand besoin d'être défait et refait, il nous fallait nous en charger, tous les trois, Gilles, Fabien et moi. Comme tu as dû le faire avec des copains, nous élaborions à voix de confessionnal abracadabrances, utopies et chimères, riant à nous étouffer, sautillant sur place dans la neige pour nous réchauffer. Une euphorie triomphante nous gagnait : comme toi, nous avions raison et nous le savions. Raison de délirer, raison de désespérer et de rire à perdre haleine, raison de compter les uns sur les autres, à la vie à la mort. Raison surtout d'être jeunes, de désirer et de mépriser dans le même prononcement, de nous passionner pour l'inutile, de célébrer notre complicité dans le beau crime d'achever sans la moindre pitié le règne de cet univers étouffant.

Pourtant, comme toi, nous ne nous disions pas tout. Déjà, nous avions nos secrets, nos différences, nos antagonismes. Déjà, nous nous apprêtions à nous distinguer, nous opposer, peut-être même nous haïr. Mais, pour l'heure, nous exultions au bord de la patinoire, les pieds gelés, le cœur cognant et la tête en fièvre : nous rafistolions le monde et nous étions ensemble. Nous tramions de concert ce qu'Aimé Césaire nomme *les enfantillages de l'alphabet des spasmes qui font les grandes ramures de l'hérésie ou de la connivence*. Il nous semblait qu'il fallait nous percevoir en tant que personnages. La *persona*, la personnalité : fictions, masques, subterfuges. Le rôle est, comme on dit chez les acteurs, tantôt *payant*, tantôt pas, mais c'est pure fabrication. À partir de soi-même, oui, mais une fabrication malgré tout. Le vrai moi se prête au jeu, mais sans se laisser illusionner. Il veille au grain. Il fait semblant et il le sait. Toi aussi, tu le savais, non ? Une comédienne de haut vol m'a dit un soir, juste avant d'entrer en scène, grimaçant un espiègle sourire en coin : « Tout le monde joue la comédie, seuls les acteurs savent qu'ils le font. » Ce soir-là, nous avons joué toute la première scène de la pièce en nous souriant l'un à l'autre, sans que rien y paraisse. Tu vois où je veux en venir ?

Il faut se méfier de cette idée de mystère que nous attachons aux êtres dont nous ne connaissons que la simplicité [...]. Il y a des êtres qui se transforment par enrichissement, d'autres n'acquièrent une vie réelle qu'en se dépouillant, et leur misère seule les crée [...]. Que les honnêtes gens ont donc de peine à croire à l'innocence !

As-tu reconnu Colette, dont je t'ai parlé déjà ?
C'est encore *Le Pur et l'Impur*, dont elle-même
disait : *On s'apercevra peut-être un jour que c'est là
mon meilleur livre,* et elle avait raison.

*   *   *

J'ouvre pour toi mon album Riopelle. Tu vas
voir, il frappe en plein cœur. C'est la perpétuation du
big bang. Regarde ces galaxies explosant au ralenti,
leurs trous noirs aspirant nos branlantes théories,
nos chétives élucubrations. Épouvantable et magnifique, incompréhensible et limpide à la fois. Ces
rouges blessures, ces écorchements orangés sur fond
de nuit, cette énergie ensorcelante, dangereuse, irrésistible, cette lave en fusion. On voudrait y plonger,
même avec la garantie d'y laisser sa peau. Mais on
détourne la tête, on jette les yeux autour de soi, espérant du réel quelque impossible consolation. Et ça ne
marche pas : la toile flambe, même les yeux fermés
on continue de la contempler. Elle risque de nous
pulvériser la cervelle. Il n'y a plus qu'elle. Il faut la fuir
au pas de course, tourner la page, s'arracher à la vue
de ce brasillement à la fois originel et à venir, survivre
à ce poudroiement qui nous fait lilliputien, seul,
absolument ignorant de ce que nous sommes et de
ce qu'est l'univers. Je referme le livre. Pour moi
comme pour toi, c'est trop.

*　　*　　*

Tire mon carnet de ma ceinture, ouvre-le à la dernière page et lis. Si possible à haute voix. Le texte mérite qu'on le clame comme une haute plaidoirie. L'homélie est pour toi. Vas-y!

L'âme n'a pas plus d'importance que le corps
le corps n'a pas plus d'importance que l'âme
rien, pas même Dieu, ne compte plus
à ses propres yeux que soi-même
et quiconque fait deux cents mètres sans amour
s'en va à ses propres funérailles
vêtu de son linceul. WALT WHITMAN

*　　*　　*

Ton père n'est pas sorti de chez lui depuis belle lurette, si on se fie à l'épaisseur de neige qui couvre le capot de son pick-up. Regarde, derrière votre garage, les brancards de votre vieille charrette sortent de la neige comme des bras de noyé. Ils me font penser, je ne sais pourquoi, à cette chute des deux amants clandestins du haut de la falaise dans une carriole, dans le roman *Une vie*, de Maupassant. Les histoires violentes marquent davantage que les jolis contes, tu sais ça, bien sûr. Tu n'en as pas lu, mais tu en as regardé à t'en arracher les yeux, dans ta chambre, sur l'écran de ton ordinateur.

Hier, l'écrivain Umberto Eco est mort. Tiens, mets-toi tout à côté de moi. J'ouvre l'ordinateur. Nous allons faire ensemble le tour de son immense bibliothèque. Inouï, non? Regarde le savant pâtre arpenter ses champs de livres. Et écoute-le:

> Je t'en prie, mon ami, n'adhère pas à la théorie du complot. Le complot nous décharge de notre responsabilité. La force du grand secret c'est d'être un secret vide que personne ne peut découvrir. Tu sais comme moi à quel point on peut menacer les autres avec ce genre de manipulation mystérieuse et perverse...

À douze ans, il répétait à qui voulait l'entendre qu'il serait plus tard conducteur de tramways, si Dieu lui prêtait vie. Son inimaginable érudition n'avait d'égale que sa tendre malice. Je l'aimais. Je me répétais souvent: « Un jour, nous serons ensemble quelque part, de préférence en Italie, sur la terrasse d'un village perché en hauteur – Ravello ou encore les Cinque Terre –, et je l'écouterai me chuchoter comme des secrets ses aphorismes désaliénants, le regard lancé loin sur la mer superbe et indifférente. »

* * *

En traîneau, c'est toi qui tiens les rênes. Nous glissons sur la neige bleue des cantons. C'est l'anniversaire de F. et l'hiver s'en souvient : épinettes encapuchonnées de neige, bouleaux blancs, bouleaux jaunes, pruches échevelées et frênes aux bras noirs balançant dans le vent du nord, tous la saluent. Nous chuintons sur la neige tapée, sifflons sur la glace d'un marais, écrasons un invisible ruisseau. Nous nous taisons sur trente mètres de blancheur lisse et soyeuse comme le dos d'une grande bête aimée. Nous traversons des champs que nous ne reconnaissons pas tout d'abord et où soudain jaillit l'éventail en hauteur de l'orme que nous n'avons pas eu le temps d'abattre avant les neiges et qui supplie, on dirait, le vent blanc de l'abattre avant qu'il ne perde ses dernières branches mortes. L'envers de notre terre me démonte, pas toi? C'est un peu comme si nous n'avions pas d'affaire par ici. Peut-être sommes-nous en train de nous mêler de ce qui ne nous regarde pas, peut-être risquons-nous de surprendre le chevreuil endormi sous une arche de trois bouleaux secs, l'écorce rongée jusqu'à l'aubier – la faim est terrible en février –, ou encore la bernache à l'aile blessée qui a vu partir ses sœurs, qui est restée immobile, les pattes dans le ruisseau, jusqu'à ce que brusquement, en se penchant, elle aperçoive ses pattes palmées sous la glace, comme on avise avec stupeur, sous une vitre, dans un musée, les restes momifiés d'un vieil ancêtre qui nous fait frissonner. F. et toi riez de mon délire et la fumée de votre joie monte, monte jusqu'à former un petit nuage bleu tendre au-dessus des pins et qui ne s'efface pas mais reste là, comme un fantôme de fruit pendu à un fantôme de branche.

C'est un petit bonheur de constater que le soir ne tombe plus aussi vite, tu ne trouves pas ? Nous glissons jusqu'à ce qu'une lueur du rose sale de la rose qui meurt nous attriste sans nous accabler. La chaleur du poêle, le gigot au fourneau, le bon vin au frais raisonnable de l'entre-deux-portes nous attendent. Mon ami Nicolas Bouvier dirait : *Le mot* bonheur *paraît bien maigre parfois pour décrire ce qui nous arrive.*

*   *   *

C'est la mise de fonds de mon être qui est pauvre, écrit Miron à son ami, le poète Henri Pichette, le 2 juillet 1959. Je suis alors à vingt jours de l'anniversaire de mes douze ans et la mise de fonds de mon être n'est pas trop riche non plus. Je viens tout juste d'apprendre qu'en septembre on m'enverra en ville, au séminaire, où je serai pensionnaire. Je passerai le reste des grandes vacances à faire mes adieux aux vagues du lac, aux pins de la baie, à l'herbe de la commune, aux poissons des ruisseaux et aux oiseaux qui traversent en flèche un ciel cruellement bleu que mon malheur indiffère totalement.

Tu sais, presque tous mes livres exsudent le poison de cette cataclysmique année 1959. Y a-t-il eu pour toi, y a-t-il pour chacun une année-tourmente, une année entre vie et mort, un océan de misère à traverser à perdre haleine et à l'autre bout duquel plus rien ne sera pareil, y compris nous-même ? Tu ris ? Tant mieux. Ce que je raconte là mérite que tu te moques. N'empêche, ma question demeure sans réponse.

Un peu plus tard, le 5 août de la même année 1959, à genoux sur le quai, penché sur mon reflet dans l'eau, fixant autoritairement mon regard de martyr, je me jure à moi-même une fidélité absolue. Je sais que tu as déjà articulé pareille injonction à ton reflet dans une flaque d'eau, ne viens pas me dire le contraire.

Je sais que je peux, ce fameux 5 août 1959, tout aussi bien finir comme François d'Assise – mystique aux yeux révulsés, les bras en croix, chargés de moineaux perchés – que renverser sur ma chemisette et mon short le bidon d'essence que grand-père garde en permanence derrière le hangar pour y noyer les chatons, gratter l'allumette contre la semelle de ma botte et, torche vivante, m'élancer dans les rues du village en criant délivrance. Je sais que tu sais de quoi

101

je parle. Ça me fait un bien fou de te confier tout ça. Et à toi, ça fait quoi ? Rêver ne suffit pas, j'imagine qu'à présent tu as compris ça. On s'élance dans l'azur, les ailes mouillées encore d'une métamorphose inachevée, espérant ni plus ni moins que la révélation définitive, la joie sans condition – le fameux bonheur auquel je soupçonne qu'à mon exemple tu ne comprends rien, toi non plus. Et puis on redescend, on tombe : la pièce n'est pas écrite, le décor n'est pas planté, les acteurs ne sont pas pressentis pour jouer des personnages qui ne sont pas encore écrits. On n'est soi-même visible que de profil, dans le bric-à-brac de l'arrière-scène. Les planches de notre petit théâtre n'espèrent ni soi ni personne : seule la poussière danse dans le rayon vaporeux d'un astre artificiel. Là, c'est l'acteur en moi qui parle. Je sais, tu me trouves ampoulé, sentencieux, alambiqué, déclamatoire : bref, exagéré. Tu as raison, bien sûr. Depuis trop longtemps accoutumé aux mots, j'ai tendance à leur confier imprudemment la tâche de tenter d'expliquer – d'abord de m'expliquer à moi-même – ce qui n'est jamais tout à fait clair. Mais voilà qu'à vouloir me disculper j'aggrave ma faute. C'est que, vois-tu, je crois à ce jaillissement de poussière de météore que certains mots lancent dans l'air et qui souvent fait plus que ce que peut faire le sens tout seul. Comment te dire ? Si tu t'étais donné la peine de rester encore un petit moment, je suis à peu près certain que tu aurais fini par accepter d'occuper pleinement, peut-être même joyeusement, une place qui, comme pour chacun, ne t'aurait d'abord pas semblé convenable, ne t'étais sans doute pas destinée, mais qui aurait fini par faire ton affaire davantage que celle qu'étourdiment tu convoitais.

Oh, oublie tout ça. J'accuse un tel retard dans mon amitié pour toi que je bâtis des châteaux en Espagne, fais surgir des mirages du sable de ton désert, t'éblouis au lieu de t'ouvrir les yeux. Bref, je commets avec toi la même faute que je commets avec ceux qui restent, les vivants : je prends ma bougie pour une lanterne et entraîne avec moi dans la chimère des gens qui ont d'abord affaire dans le monde pour moi trop éclairé du jour le jour. Désolé, l'ami, et à demain.

*   *   *

Tu sais, je ne m'explique toujours pas pourquoi chacun doit absolument le chercher et le trouver, ce maudit bonheur, au risque de se rendre malheureux comme les pierres. Il me semble que c'est quand on ne la cherche pas, précisément, que la joie surgit. Ainsi, ce matin, en ville, alors que je me croyais seul au monde à dévisager le ciel dans une ruelle où s'entassaient vieux meubles et jouets brisés, sous un amoncellement de nuages du gris impitoyable du ciment qui va prendre, une petite fille affublée d'un manteau beaucoup trop grand pour elle, coiffée d'une tuque rouge écarlate qui lui cachait un œil – l'autre, d'un vert de rivière au soleil, levé sur une fenêtre ouverte dans le pignon ouvragé d'une maison qui peut-être était la sienne – s'est approchée de moi, doucement a saisi deux de mes doigts dans sa petite main fraîche et a articulé comme un secret précieux :

— Ma maman dort encore. Notre déménagement l'a fatiguée. Avant de descendre, j'ai ouvert la fenêtre pour qu'elle respire mieux. C'est une bonne idée, non ?

J'ai hoché la caboche, elle m'a imité et puis elle est partie en courant, elle a disparu derrière un bosquet de lilas.

* * *

J'ai, depuis ma toute petite enfance, tenté de dompter mon oreille aux chants du monde. Je les comparais, les rapprochais, les éloignais, puis les raccordais, emmêlais puis distinguais les chocs, les clameurs, les roucoulements, les feulements, les soupirs. Je m'efforçais d'ajuster ma propre voix, mon propre souffle au tumulte de l'univers. Tu entends, là, maintenant, le cri du carouge ? Et jaillissant du cèdre, l'appel de la crécerelle ? Pas besoin d'apercevoir les volatiles en question pour les reconnaître : leur exclamation printanière les révèle aisément. Tu me dis :

— Tu trouves pas qu'ils sont trop de bonne heure ?

Et c'est la chienne qui te répond d'un bâillement-rugissement qui te fait éclater de rire et fait s'envoler deux étourneaux du février. Tu entends, comme moi, toutes les rumeurs ? Bientôt, ça jacassera sans finir dans la savane.

Je rêve souvent de rivières, ruisseaux, criques et marais. Ce matin, comme j'apercevais à travers la glace les grenouilles et les ouaouarons à demi réveillés, le visage de ma fille m'est apparu. Je l'aime et toi aussi tu l'aimerais. Elle est tendre et forte et ne raconte jamais d'histoires – je veux dire, elle n'emberlificote jamais les autres avec des bêtises insignifiantes. Elle souriait, comme elle le fait chaque fois qu'elle s'approche de moi, aussi bien sur le trottoir, en ville, que dans l'ombre du sous-bois, ici. Tiens, je vais l'appeler au téléphone. Tu m'attends ?

*   *   *

Ton ami l'écrivain, ce matin, est sur les genoux. Il a traversé, la tête en essaim d'abeilles, le cœur dans la gorge, la langue battante, les oreilles claquantes, quatre jours d'un salon du livre qui s'est déroulé au bord du fleuve, qu'il n'a aperçu que par-ci par-là, au travers de grandes fenêtres qui l'encadraient comme des toiles représentant un même hiver tantôt sous un soleil aveuglant, tantôt voilé d'une brume de givre à la Jean Paul Lemieux. Impossible de rendre compte de la frénésie des rencontres tour à tour chuchotées et enlevées, selon qu'il s'agissait d'un proche parent ou d'une dévoreuse de livres de passage, de ces rires soulageants, débridés et de ce silence tissé ensemble d'admiration, de jalousie et de béatitude qui succède à la parole sans réplique.

Tu n'es nulle part en vue. Peut-être as-tu disparu pour de bon. Le silence est ce matin un grand vide que rien ne peut emplir, sinon l'écho des voix complices, le souvenir frais encore de visages grimaçant un sourire compassionnel et malaisé, la résonance éraillée des voix de trois heures du matin, emmêlées les unes aux autres, dans cet irremplaçable concert dodécaphonique de la différence et de la ressemblance, de la fraternité.

Juste avant de me laisser monter dans l'autobus, Serge m'a chuchoté au creux de l'oreille :

— Ne me joue pas le méchant tour de me faire faux bond l'an prochain.

Il avait les yeux pleins d'eau. Moi aussi.

*   *   *

Je ne sais pas où tu es, où je suis, ce que je fais ici, encore à ma table, tout seul, quel mois nous sommes, si l'été n'est pas venu et reparti pendant que j'avais le dos tourné. Je ne sais plus ce qu'est le temps, j'ai oublié qui j'ai été, ignore qui je deviendrai, ne sais que le jour d'aujourd'hui, éblouissant, sans précédent et sans exemple, comme moi seul de son espèce. *Comment vivre sans inconnu devant soi?* me chuchote à l'oreille le poète René Char.

Tu sais, les poètes s'expriment par énigmes mais, pour peu qu'on reste là, qu'on veille encore un peu, leurs ambiguïtés, leurs équivoques se font limpides. Si le doute plane, si la vérité se profile à mots couverts, c'est que le langage est trop souvent affaire de vision commune. Tu dois bien te douter de ça, non? Celle, celui qui prétend parler net n'a pas toujours la langue propre. Le bavardage quotidien est tissé de mots canoniques, convenus, réglementaires, mots dédiés à la pratique de la survie et qui remplissent sagement, mécaniquement leur office de déblayeurs d'obstacles et d'aplanisseurs de plaisirs. Chacun soupçonne qu'il y a anguille sous roche, mystère, cachotteries. Que le cœur n'est pas aussi simple qu'on le dit. Que le rose de l'aube surgit des ténèbres. Que le vacarme ne protège pas du silence. Que, comme disait mon père, « trop souvent un pied déchausse l'autre ». Que chacun pousse son ombre devant lui, ou au contraire, fuyant à larges enjambées, tâche de l'abandonner loin derrière. Chacun devine bien qu'il aura beau avancer dans la vie le nez en l'air et la poitrine en avant, à la façon du cheval libre, il sera terrifié quand soudain ses pattes ne toucheront plus le fond et bavera parfois de désespoir en croyant saliver de désir. Que pour apercevoir une veine aurifère il devra défoncer à coups de pic la muraille de roc, à s'en déboîter les épaules. Le poète ne sait pas, ne comprend pas non plus. Il entrevoit, entraperçoit, distingue entre les branches. À force de braquer les yeux, de tendre l'oreille, sa passion pour le réel s'aiguise. D'abord il guigne, lorgne, puis il écarquille les yeux, observe, vise, examine, cligne des paupières, n'en revient pas, souffle fort et alors il pousse une espèce de plainte qui peut aller comme suit :

Je ne trouve pas la porte de ma mémoire et le jour de l'explication. ARAGON

Ou encore, comme suit, plus près de nous :

Il fait un temps de cheval gris qu'on ne voit plus
il fait un temps de château très tard dans la braise.
Miron

Je récite ces vers-là au vent. Je me désole vraiment de te parler comme si pour de vrai, définitivement tu avais disparu.

*   *   *

Depuis que tu t'es éclipsé, il fait un temps méchant comme au bord du marais de la chanson, un temps de *château aux longs rideaux dans l'eau,* un temps de légende noire, un temps de soir en plein jour. Il tombe obliquement une pluie gelée qui fouette la face. La tête des arbres disparaît dans une brumasse couleur de plomb. Le jardin est une toile inachevée, une esquisse au fusain, stries au crayon de charbon, hachures à l'encre de Chine, gouache noire délayée dans du lait, aplats de craie, cernes d'un vert moisi auréolant la cime des pins, coulées rouille sur la neige grise. Mon ami Serge Mongrain m'écrit, me confiant un pan de ce que je pourrais appeler « sa délinquance de doux animal furieux ».

Suis de la race des écrivains de plein jour – soleil de
juin, pluie d'automne, grésil de janvier, tempêtes et

109

*bourrasques hors saison – ne suis pas cet écrivain à la
petite lampe, penché sur ses feuilles la nuit durant…*

Je me reconnais un brin dans ces mots-là. Et
aussi quand il écrit :

*Des voix bourdonnent et n'aspirent qu'à mourir, ici
même, par ma faute, et me voici lancé dans une
chasse et le cœur battant avec la faune qui l'habite, je
transpire, suis seul et deviens vulnérable, aucun
témoin et puis j'acquiesce, frappé de contentement,
suis bien, c'est l'abondance…*

Simplement écrire est son plus beau livre. Simplement, c'est peut-être un peu vite dit. Mais comme
moi, tu aimerais son style costaud et contourné
comme un sarment de vigne. Mais où diable es-
tu passé ?

*   *   *

Il pleut comme jument qui pisse. Masochiste-
ment, je fouine dans mes vieux cahiers. J'y mets des
précautions de fantôme, avance dans ce bric-à-brac
comme si je me retrouvais dans la maison de mon
enfance et me frappais à des meubles qui depuis
longtemps ont disparu. Échoué tout au fond de l'ar-

moire, tirebouchonné comme le brouillon d'une lettre jamais recopiée au propre, un paragraphe tout seul, dont je ne me rappelle ni la source, ni la raison d'être, ni la destination.

> *Je ne me cherche plus dans les miroirs. Je suis échoué, abandonné par la vitesse des autres. Ces autres sont-ils la vague trop forte, la chaloupe dérivante, l'île vers laquelle absurdement je nage ? Je suis mort et pourtant encore j'attends…*

Tu sais, je n'ai aucun souvenir d'avoir écrit ces phrases. Cependant, si j'ai oublié le jour et l'heure, j'ai souvenance exacte de l'émotion qui les a appelées. Ce besoin brûlant que j'avais de mourir à ce que j'étais, cette épouvante qu'on m'abandonne au bord du chemin, cette quasi-certitude de n'avoir eu qu'un jour de jeunesse, dont je n'avais pas suffisamment su profiter. Ça ne vient plus souvent mais tout de même ça revient, de temps à autre. Si tu me laisses tout seul encore longtemps, je suis bien capable de me fouiller jusqu'à me faire mal.

*   *   *

Si tu m'avais accompagné, hier soir, tu l'aurais entendu par ma voix. On a intitulé son seul livre en français : *La vie est d'hommage.* Jack sans doute rigole, là où il est. L'expression est sa version canuk de *Life is a pity,* bien sûr. On n'a encore déchiffré que le titre du livre que déjà le coin des yeux nous pique. Sache que j'étais très énervé de réciter, devant un parterre d'aficionados, la prose maternelle de Jack, que la plupart d'entre eux entendaient pour la toute première fois. Pour t'en donner une idée :

> *Cette homme m'empli plinde joie avec ses histoires simple et son visage de pauvre travaillain. Comme le visage de notre frère qui est perdu dans neige de notre enfance, quand qu'on croya qu'il se perdra jama et nous aimera toujours, nous expliquera la nature, nous aidera dans la noirceur et tous d'un coup – pouf! ils est parti, perdu et on se retrouve dans une monde de chien mauva...*

Vois-tu, Jean-Louis dit Jack avait un beau grand plan de *neigre.* Grand lecteur de Proust et de Céline – deux écrivains que tu ne connais bien sûr pas non plus – que Jack lisait en français, à s'en arracher les yeux et le cœur, il voulait faire un seul long et grand livre, où seraient consignés l'univers, les siens, leurs rêves, l'amour, la mort et les paysages fabuleux de son eldorado, plus beaux, plus bouleversants que ceux de la *terra incognita* des anciens grands navigateurs. Le livre est poignant d'un couvert à l'autre.

Jack, c'était ton grand frère, parti sur le chemin avant toi et qui scribouillait, en français, même si ça n'avait pas de maudite allure, sans jamais pouvoir s'arrêter. Dans un texte déchirant que Jean-Louis a intitulé *La nuit est ma femme*, il écrit :

> *Je sais seulement pas comment m'expliquer sans mentir un peu. Mais je n'écrirai pas si j'aimra pas mon prochain diner, i.e., la vie… Quand j'fâcher j'sacre en Français. Quand j'rêve je rêve souvent en Français. Quand je brauille, j'brauille toujours en Français… C'est possible qu'un jour, quand j'serai partit l'autre bord de la noirceur pour rêver éternellement, c'est chause la, des histoires, des scènes, des notes, une douzaine romans impossibles à moitier fini, seront publiée et quel'qu'un va collecté l'argent qu'était supposer d'venir à moi. Mais ça c'est si j't'un grand écrivain avant j'meure…*

Vois-tu, entends-tu ta propre lamentation de désenchanté ? Et pourtant, Jack nous a laissé les plus beaux livres qui soient. C'est qu'il savait qu'il avait partie liée avec le cul-de-sac, l'impasse, l'échec. Il ne s'agissait pas pour lui de perdre ou de gagner, mais de montrer le monde, son Amérique ensorcelante, débraillée, arrogante, bardassante, et de faire voir à quel point c'était à la fois meurtrissant et exaltant de prendre le chemin, pas celui qui mène aux quatre coins du continent, mais celui qui ramène dans un chez-soi où, tu le sais, souvent chacun est attendu avec une brique et un fanal. L'échec, oui, avec lequel chacun, honnêtement, malheureusement, hélas et que voulez-vous, a rendez-vous de ce côté-ci du mystère.

J'ai cru t'apercevoir, tout au fond du parterre. Comme Jack, tu portais une chemise à carreaux, ton épi noir te tombait sur le front, tu avais les bras croisés sur la poitrine. J'ai failli sortir du texte et te lancer :

— Tu n'as manqué que de patience et de l'amitié indéfectible d'un Jean-Louis, ou d'un autre *Jack of all trails*, qui aurait su te taper sur l'épaule et te murmurer dans la broue du toupet : *Faut pas resté che vous, assis sus ton derrière, pensée apropos de' la tristesse de la vie. Ouvre tes shutters pis prends soin de toi, mon bon garçon.*

À bien y penser, je comprends l'enthousiasme étonné de mon public d'hier soir : la langue codée, formatée, jugulée d'aujourd'hui se risque rarement hors des sentiers battus, n'autorise presque jamais la belle et sans doute dangereuse échappée vers ce que Jack appelle *the electrical togetherness of actual eternity* – ou, comme il tenterait peut-être de le formuler en canuck : *le concile électrique de l'étarnité d'aujourd'hui*. Ce qui fait qu'on est saisi de vertige devant le franc contraire de notre pauvre et triste langue de bois.

114

Ratatiner le langage ne nous conduit pas à davantage de communion, mais nous fait sombrer corps et biens dans le piège de la vision commune. Un mauvais jour, on ne saura plus ce qu'il nous faudrait entendre en lisant :

Le poème est l'amour réalisé du désir demeuré désir.
RENÉ CHAR

Toute une petite couche de neige achève de fondre, froissant pousses de lis et de jonquilles, écrasant crocus et perce-neige. J'ai raté mon rendez-vous à l'hôpital. Je prétends aller mieux et ne veux pas qu'on me contredise, même pas toi. Simplement, j'ai oublié. J'oublie tout, ou presque, depuis que tu es parti. Ça m'inquiète et en même temps je m'en contrefiche. Tu me manques, un point c'est tout.

Débrouille-toi, intrépide ! Intrépide et stupide, avance ! Risque d'être jusqu'au bout, m'assène Jean Cocteau du fond de ses Enfers.

*   *   *

J'aimerais bien que tu sois assis sur ce siège à côté de moi, tes jumelles à la main – j'ai oublié les miennes. Queue assez longue, ailes arrondies, calotte noirâtre, dessous gris pâle, finement rayé, *kak, kac,*

kac perçant : c'est bien l'autour des palombes, que j'aperçois pour la toute première fois. Il fend l'air blanc au-dessus d'un grand champ de vieux blé d'Inde. J'arrête la voiture. Là, au-dessus du saule, il virevolte, plonge, remonte, glisse sous le vent, repose ses ailes et se laisse dériver un moment dans une colonne d'air chaud, puis pique, freine dans le vent et c'est une beauté de le voir se redresser, toutes plumes hérissées, allonger les ailes et survoler en rase-mottes les tiges défuntes, les sillons de labour répandant une eau qui brille comme de l'argent en fusion. Bach rythme la chasse de l'autour – troisième concerto brandebourgeois. Il rejaillit d'une butte de marmotte, un campagnol dans le piège de ses serres, juste comme les violons se taisent et que le soleil déchire la nuée au-dessus des pins.

Pour des moments comme celui-là, je veux bien durer encore un peu. Même sans toi.

*   *   *

Dans le grand champ où, hier, l'autour en chasse faisait orage et beau temps, trois chevaux piétinent la boue, sous un ciel gris fer. Je reviens de la pharmacie du village voisin, un sac de potions et de comprimés cliquetant misère sur le tableau de bord. La radio crache les mauvaises nouvelles à pleine tête.

Tristes tropiques, triste Occident, triste temps. L'orgueilleuse mélancolie des trois beaux chevaux immobiles dans la gadoue me raplombe un brin. Soudain, le plus grand – robe baie, crinière de jais, chanfrein tacheté de blanc – détale comme si une guêpe l'avait piqué et galope jusqu'à l'orée du bois, où il s'arrête brusquement, tête au ciel, naseaux fumants. La vitesse fulgurante de sa fuite me repart le cœur. On peut toujours détaler, courir, fuir, même si on sait qu'on ne s'échappera pas. Toi, tu n'as pas su. Ce n'est pas ta faute, mais tout de même je t'en veux d'être disparu, et deux fois plutôt qu'une.

*　　*　　*

De mon ami provençal, René Frégni, je m'ennuie presque autant que de toi. Mais au moins lui n'est pas sans cœur, il m'écrit.

Je connais toutes les ruines des collines, les bergeries abandonnées, le tas de pierres d'un ancien pigeonnier, chacune a son figuier. Je suis le voyageur de septembre, je saute d'une ruine à l'autre, et dans la chaleur de ces longs après-midi de fin d'été, j'ouvre avec mes deux pouces ces fruits bouillants, mille graines d'or scintillent dans un sucre pur.

*   *   *

J'écris, attablé dans le jardin. Nous sommes insidieusement passés de mars à juin, au cours d'une nuit de fougueux vents du sud. Le soleil me cuit visage et bras. Tu ne me reconnaîtrais pas tant j'ai changé de couleur. Les chattes se sont mises en chasse dans la broussaille qui crisse comme incendie de fagots. Les grenouilles sortent de la mort, geignent et grasseyent, enfin émergées de la boue. Ma chenille d'automne est en chrysalide au bout de la branche la plus basse du chêne. L'air sent la sève de saule et déjà une grosse boule d'œufs de ouaouaron roule dans l'eau noire du petit lac, épaisse comme de l'huile à moteur. Le cardinal siffle en hauteur la lancinante solitude de ses amours. De quoi tenir tête au malheur un bon quart d'heure. Ça vous fait un cœur énorme et qui pompe à se détraquer. On a un nid de guêpes dans la cage thoracique. C'est trop, ça fait quasiment mal tellement c'est bon, ce miracle de la passion qui ne se regarde pas se passionner. Que l'on ait soixante-dix ou quatre-vingts ans, on en a quinze, ou comme toi vingt-deux – tu les auras éternellement, connais-tu ta chance ? Chaque respiration est comme un coup tiré dans le soleil. L'univers n'est plus cette pièce où nous sommes longtemps restés enfermés à bouder. On dirait que la brise froisse à ma droite un feuillage encore invisible pourtant : c'est ma chemise accrochée à l'accoudoir d'une chaise et qui volette, un chuintement de juillet, quasiment oublié tant l'hiver a duré. Si j'étais peintre, et un bon, il me semble que j'arriverais ce matin à montrer ce qui rayonne, éblouit, ressuscite. Mais, tout comme je n'écris pas mais scribouille, je ne peins pas mais barbouille. Je te montrerais mes aquarelles que tu grimacerais comme devant un massacre. Ou peut-être pas, je ne le saurai jamais.

Ne t'es-tu pas approché de la maison, hier, au crépuscule? Il m'a semblé apercevoir un pan de ta chemise à carreaux entre les branches du marronnier.

*   *   *

Écoute bien ce qu'écrit Jean Giono, le fabuliste, s'entretenant avec son ami Jean Carrière. Il tente ici de définir l'art, le sien:

Il existe un champ de blé. Ce champ de blé, il existe pour son propriétaire, il existe pour le bourgeois qui promènera sa femme autour du champ le dimanche après-midi, il existe pour l'économiste distingué qui, lui, comptera le champ de blé dans l'étiage de la récolte de la France et il existe le champ de blé de Van Gogh. Montre le champ de blé de Van Gogh au pro-

priétaire, il ne reconnaîtra pas son champ de blé. *Même chose pour le bourgeois et l'économiste bien sûr s'en foutra totalement. Parce que Van Gogh a pris le champ de blé, il s'y est ajouté, et puis il a transformé le tout en une espèce d'autre chose qui est devenu le champ de blé de Van Gogh.*

Tu trouves qu'il exagère? Sans doute. Mais un grand artiste est, comme l'écrit Carrière, *un type qui peint des tigres en regardant des chats.*

*   *   *

Joie, malgré ton absence – tu n'es pas tout pour moi, ne t'en déplaise –, mon ami René m'écrit à nouveau.

Quand mon cahier est ouvert je ne pense pas à la mort, mon stylo glisse sur la fine ligne violette et la repousse hors de la page. Il y a trente ans que j'écris tous les matins pour faire tomber la mort de ma table.

Sais-tu, ami, que même absent, tu la fais tomber également de ma table à moi?

Un grand écrivain, c'est celui qui fait apparaître sur la page blanche des paysages oubliés, des villes entrevues, des cités intérieures que nous n'avions jamais visitées.

Remuant à l'aide de ma fourche ce qui reste de mon feu de branches, j'aperçois, moi aussi, *ces grandes villes de braise qui s'effondrent dans une nuit de cendre.* Levant la tête et pinçant les paupières, je distingue tout au fond du firmament d'autres cités ignées qui s'éboulent dans la grande nuit stellaire. Comme l'auteur dans son petit jardin de Manosque, que je connais, *je vois la moindre brindille se tordre comme une rue qui tourne et disparaît.*

*   *   *

Je ne tiens pas particulièrement à te tirer les larmes – t'en reste-t-il ? –, mais écoute. Je suis à tailler ma haie de physocarpes quand une petite voiture rouge s'arrête au bord du chemin. À travers les branches et en plongée – je suis tout en haut de mon escabeau, les ciseaux au bout du bras – j'aperçois une jeune femme qui avance à pas de renarde entre les grands pins. Je dégringole et, m'apercevant brusquement à ses pieds, elle pousse un petit cri de souris dans la trappe. Je vois qu'elle tient serrée contre sa poitrine, comme un poupon, une espèce de poche de velours d'un violet parfaitement funéraire. Je prends ma voix de propriétaire aguerri, qui a vu son plein de voleurs s'amenant sur la pointe des bottes, grimaçant le sourire traîtreusement perplexe du promeneur qui a perdu son chemin. Elle éclate alors en sanglots et secoue vivement la tête, comme si un essaim de guêpes la taraudait. Je m'approche d'elle. La tête sur l'épaule comme un ange de crèche de Noël, elle me conte, dans un français pas de chez nous – je crois reconnaître tantôt un chuintement anglais, tantôt un grasseyement allemand –, que son père est décédé il y a quatre jours et, vu qu'il aimait par-dessus tout cette terre, aujourd'hui la nôtre, autrefois la sienne, accepterais-je, dans l'un de ces beaux champs qu'il a jadis cultivés avec amour, de l'accompagner afin de satisfaire la dernière volonté d'un vieil homme qui avait si bon souvenir de F. et de moi, pour aller répandre ses cendres au petit vent du jour ? À l'hésitation enfantine du débit, je reconnais la toute jeune fille qui, il doit bien y avoir trente ans, poursuivait nos chats jusque dans les ronciers.

La chienne nous guide, paraissant savoir plus que la dame, plus que moi, plus que F. qui se joint à nous, où aller. Le cardinal siffle et les geais braillent sur notre passage, plus discret qu'une procession d'église. La femme de temps à autre se plie en deux, saisit la chienne par le cou et lui cause en allemand, amoureusement. Je lui montre, à droite, à gauche, les belles branches de poirier que, sur le conseil de son père, F. a greffées aux troncs de nos merisiers et qui donnent toujours de beaux fruits. Elle hoche la tête et laisse couler sans gêne sur ses joues de très grosses larmes. La chienne s'arrête, comme un pointeur, au milieu du plus beau de nos champs, son herbe d'un doré vert que le soleil aveugle. Je tiens la boîte, elle en extrait le sac de cendres, je fais trois pas de côté et la regarde éparpiller sur les verges d'or en boutons une neige plus volatile que de la poudre et qui fleure étrangement la farine de sarrasin. Elle sème, comme ça, un bon moment, les restes de son père dans notre champ renaissant, tandis que le soleil descend dans les pins et que la chienne dort, comme si c'était elle la morte et qu'elle s'en trouvait bienheureuse.

Me laissant entre les mains la boîte et le sac tel un présent désopilant, elle repart comme elle était venue, la tête sur l'épaule, accablée, délivrée, pleurant toujours, la chienne sur les talons.

Tu vois, la vie, la mort, le deuil, la survivance, le regret, l'espoir furent une petite heure rassemblés dans notre plus beau champ. Tu y étais et tu n'y étais pas. Non. Dans l'éparpillement au goût salé, tu y étais.

*   *   *

Comme toi, je me suis souvent et inutilement répété : « C'est tout simple, il n'y a qu'à le faire ! » Chaque fois, je faisais semblant d'y croire, mais la foi n'y était pas. Il me fallait m'éprouver, me surpasser, battre mes propres records. Il me fallait triompher de moi-même, culminer à la hauteur de mes châteaux en Espagne. La jeunesse, c'est ça. Je me méfiais du simple et de l'évident comme de sables mouvants, entreprenais chaque tâche comme on part en guerre. N'ayant l'étoffe ni d'un soldat ni d'un héros, je frappais l'écueil de front, le choc m'étourdissait, je recommençais. Je ne venais à bout de rien d'autre que de ma propre force et finissais par m'assoupir au pied d'un arbre, sans plus jongler à rien.

Et puis j'ai changé. Tu vois, moi, j'ai composé avec le temps. Je suis un convalescent, un réanimé, un miraculé – pourquoi pas, allons-y donc. Tout ça parce que, moi, j'ai eu le temps. Je l'ai saisi, je l'ai perdu, l'ai longtemps laissé filer. Mais enfin, je l'ai eu. Toi pas. En ce moment je pense très fort à toi qui, par-dessus mon épaule, détailles mes griffonnages de saute-ruisseau, avec l'espérance inutile et pourtant légitime que ton ami conteur viendra à bout de dénicher un filon, qu'une certaine suite dans les idées finira par lui venir, miraculeusement. Ma confiance est démesurément ingénue ? Peut-être, qu'est-ce que tu en sais, qu'est-ce que j'en sais moi-même ? Mais je persiste à croire que tu as manqué de patience et que c'est à la fois pardonnable, justifiable, cruel et inexcusable.

*   *   *

À peine sorti du lac, on est sec comme si le plongeon n'avait été qu'un rêve. Seule l'hirondelle – nous n'en avons qu'une, depuis trois ans, il me semble, toujours la même, ses sœurs ayant sans doute péri quelque part dans un ciel en tourmente, fracassées sur des pics de montagnes infranchissables – virevolte, vrille, virevousse dans l'air brûlant comme poisson dans un lac frais et vélocement se coule dans la grange par une fente large de deux doigts. Le journal posé dans l'herbe est vite lu par la brise, ses mauvaises nouvelles volent courtement, ne stupéfiant ni papillon, ni oiseau, ni libellule, et vont s'écraser mollement contre un mur du hangar. Mes paupières d'elles-mêmes se ferment et je vois rouge sans pourtant ressentir la moindre colère, ni contre toi ni contre le monde.

Si tu étais ici, avec moi, je sais que tu me dévisagerais comme si j'étais un autre et que tu ne t'y laisserais pas prendre. Nous lutterions peut-être dans l'herbe, sans tenter de gagner, sans craindre de perdre. Et ça nous ferait du bien à tous deux. Puis ta tête tomberait lourdement sur mon épaule, comme celle de l'agonisant sur son ultime oreiller.

*   *   *

Il a plu toute la nuit, un déluge sans tempérance et qui a fait cascader dans mes rêves des trombes de vieux soucis. Et puis, comme pour rétorquer aux ténèbres, s'objecter au malheur, un magnificat parfaitement neuf à mon oreille : neuf notes, trois par trois, d'un insinuant vibrato monocorde, suivies d'une roucoulade qui s'achève, comme cette variation Goldberg de Bach qui me trouble si fort, en plein essor, au milieu de l'envol et vous laisse seul à tenter d'imaginer les arpèges du grand air occulté.

Je me lève d'un bond, descends l'escalier comme chat qui a fauté, attrape mes jumelles sur le rebord de la fenêtre et sors en habit d'Adam dans le jardin qui embaume le lilas fraîchement rincé. Là, dans la hauteur du févier, sur la branche sèche que je ne peux pas couper parce qu'elle touche les nuages, mon chanteur. Tout comme son dissonant et mélodieux ramage, sa forme et ses couleurs – le fuseau avec éventail du moqueur chat, l'orangé lumineux du ventre, la tête d'un jaune légèrement verdâtre –

me sont inconnues : décidément un parfait étranger dans notre bocage. La chatte traîtreusement s'approche, pousse un feulement bien senti et mon visiteur céleste décolle en direction de la pinède. Le reverrai-je ? Surtout, réentendrai-je cette mélopée envoûtante, capable de changer en or frais le charbon noir des songes ?

Le lac qui fume doucement après la pluie, le cantique de mon inconnu – je saurai tout à l'heure qu'il s'agit de la variante orangée, très rare dans nos parages, du tangara – sont, pour moi, le témoignage absolu de la gloire et de la puissance de résurrection du matin d'été. Je sais que tu m'entends, m'écoutes, que tu n'es pas loin. Bientôt, tu reparaîtras.

*   *   *

Puisque tu ne te montres pas, c'est Cesare Pavese qui m'accompagne chez le médecin. Il est de très bon conseil. L'examen de routine bêtement m'énerve. La petite fille à ma gauche tousse à s'arracher les bronches. À ma droite, un gros homme souffle comme une forge et grommelle je ne sais quoi, où revient comme un refrain le mot *jamais,* qu'il articule sans cesser de mordre sa lèvre inférieure qui saigne. La télévision joue à pleine tête. Il y est question d'un nouveau massacre, quelque part au sud des États-Unis. Le nombre des victimes augmente de minute en minute. Pavese :

Accepter la souffrance signifie connaître une alchimie grâce à laquelle la boue devient de l'or.

Cinquante-cinq tués, autant de blessés graves. Je sors en coup de vent. L'été crépite comme un feu de brindilles. En rentrant, il me faudra arroser le jardin qui rêve à boire debout. Un frisson me court dans le dos : et si le médecin découvrait… Je ferme les yeux. Pavese, qui a su souffrir jusqu'au bout, murmure à mon oreille :

Avec la souffrance, le tort est de faire des pas plus longs que ses jambes.

J'entrouvre les paupières et aperçois, comme dans un halo, ta silhouette, dans l'ombre pailletée du sous-bois, derrière la clinique. Je m'avance vers toi, mais m'arrête presque tout de suite : ce n'est pas toi, mais un grand garçon bien vivant et qui semble décidé à le rester. Et puis d'ailleurs comment te reconnaîtrais-je, je ne t'ai jamais vu. J'ai fait de toi un personnage, un personnage de roman, qui apparaît, disparaît et réapparaît, moitié à sa guise, moitié à la mienne. Un personnage comme je les aime. Je suis écrivain, romancier, que veux-tu, ce n'est pas de ma faute. C'est comme je te disais, à propos du champ de blé de Van Gogh, de Giono. Je peux, moi aussi, comme Giono, peindre un tigre en regardant un chat.

Je reviens sur mes pas pour apercevoir le docteur sur le pas de la porte et qui me fait signe d'approcher.

— Désolé, il y a eu une urgence. Ne vous en faites pas, pour vous tout va bien.

*　　*　　*

Le févier bourdonne comme un escadron en campagne – les abeilles raffolent de ses fleurs. Nous hâtons le pas sous ses branches, ta tête dans les épaules, comme si d'une seconde à l'autre on allait nous tirer dessus. Le monarque jaune et noir, agrippé à une fleur fanée du lilas, bat nonchalamment des ailes, soûl de sucre parfumé. Le lac est d'un vert de bronze moucheté de ramures de cerisiers que le vent fait nager à toute allure, par ici et par là. Les queues-de-poêlon dorment dans l'eau tiède de la petite anse de sable. C'est le plein été incandescent déjà. Leurs amours achevées, les carouges paressent dans l'herbe haute du rivage, criaillant mollement comme s'ils en redemandaient, mais sans passion. Alanguissement entier sous le soleil impitoyable de neuf heures du matin. Je plonge à la manière de l'homme poursuivi par les hautes flammes d'un incendie. Sous l'eau, dans la nuée d'un blond glauque, zigzaguent trois salamandres qui fuient au ralenti devant mon étrange et inoffensive blancheur d'homme-grenouille. Je vois passer la tortue : on dirait un gros caillou qui coule. Je refais surface doucement, sans crever le miroir. Aussitôt les libellules m'auréolent, j'écoute longtemps le cliquetis de leurs ailes – on dirait le frottement de deux lamelles de plastique entre les doigts d'un enfant. Je naufrage dramatiquement et touche le fond vaseux, où mes pieds s'enfoncent avec une délicieuse joie macabre. Je reste un bon moment à tanguer dans la mort vivante et froide du haut-fond, tranquille comme une algue qui ne sait ni d'où elle vient ni où elle va. Je n'ai plus de honte, plus d'orgueil, plus de désir, plus de regrets, ma cuirasse est une épave échouée dans la vase, trente pieds sous moi. Tu t'y trouverais que tu serais bien content, toi aussi.

*   *   *

Si nous nous cherchons sans cesse, c'est que nous nous sommes perdus. Il existe, quelque part ailleurs, un espace-temps primordial, un ici et maintenant cardinal, où nous avons été et d'une certaine façon continuons d'être à notre insu, et qui est notre vraie terre. Je sais que tu as cru ça. Je l'ai longtemps cru aussi. Il n'y a pas de faute : c'est simplement la honte d'avoir rêvé puis d'avoir oublié. On a désiré, on a quasiment touché le but, puis on a oublié. On a cru oublier. Mais le désir bat toujours, papillon figé, tout palpitant encore, fossilisé dans l'ambre qui le magnifie. D'où l'éternel retour de cette prétendue nécessité de tirer au clair l'énigme que chacun représente pour lui-même. Chaque matin je sors de la mort comme un bourgeon tardif, emmêlé dans des traînées de songes industrieux, dernier rescapé d'un ouragan escamoté par l'inespérée lumière du jour. Je ressuscite en incroyant, n'osant prêter foi ni à mes yeux ni à mes oreilles. Puis je m'avance dans le matin, jouant le confiant jusqu'à l'intrépidité, me répétant : « Si tu es incapable d'un peu de sorcellerie, ce n'est pas la peine de te mêler de vivre. » Alors je suis subitement pris d'un élan comparable à l'essor de l'oiseau qui décolle. Ayant miraculeusement échappé au cataclysme de la nuit, comme on rejette un poison qu'on n'a pas le souvenir d'avoir avalé – ce que Colette nomme si bien *notre amas de cendre, noire et rouge çà et là –*, j'enjambe les ombres couchées dans l'herbe, enfile le sentier qui mène au lac. Pas à pas, j'abandonne sous les arbres l'étrange désespoir de mon sommeil, me défais de l'empêchement d'être. L'incessant effort de me survivre m'arrache une plainte, mais il faut ce qu'il faut : j'aurai, ce matin encore,

coûte que coûte, cette force inépuisée des extrava-
gants qui s'ébattent au cœur du doute. L'ami Pavese
formule l'affaire comme ça :

Il ne faut jamais dire par jeu que l'on est découragé,
parce qu'il peut arriver que nous nous prenions au
mot.

*   *   *

La grande nuit du solstice. Les lucioles comme
des feux follets. Encerclé de leurs étincelles voya-
geuses, je ne peux distinguer Castor de Pollux dans
le firmament constellé de cillements qui s'allument et s'éteignent et se décrochent et dégringolent comme des ramures incendiées. Yves Dubuc
– *Les Insectes du Québec* – m'apprend que la lampyre
clignote par amour. Les amants se cherchent et
se trouvent dans la nuit en émettant ces éclairs
vert absinthe, le mâle dans l'air, la femelle tapie dans
l'herbe. Le mâle lâche, entre deux appels amoureux,
un signal d'alarme spécifique – à répétition et bref
comme le SOS du télégraphiste en mer à l'approche
d'une tempête – afin d'éloigner les voyeurs de toute
espèce. Les œufs de certaines espèces sont également
luminescents, ce qui, écrit Dubuc, *signale qu'ils ne*
sont pas comestibles. Amours à lampions, passion à

lanternes, déclaration étincelante qui perce la nuit de juin d'étoiles filantes.

Tu vas rire. J'ai lu, enfant, dans un de ces livres d'histoire du Canada composés d'autant de légendes que de contrevérités et qu'on nous faisait réciter sans se soucier du petit abîme séparant le réel du mythe, que les pères jésuites disaient, à l'intention de Cartier et de ses compagnons, leur messe du solstice à la brillance d'une centaine de mouches à feu enfermées dans deux bocaux de verre, à bâbord et à tribord d'un autel improvisé, fait de deux tonneaux d'eau de feu surmontés d'une planche. Je rêvais que j'y étais, agenouillé sur la mousse, espérant courte la cérémonie, brûlant d'une hâte effrayante de courir délivrer ces étoiles palpitant jusqu'à l'agonie dans l'air raréfié des bocaux.

*   *   *

Il va pleuvoir, enfin, tout séchait sur pied, le gazon craquait sous nos pas comme feu qui prend. Je relis mon *Diable en personne*, sans aucun doute celui de mes romans où je transparais le plus nettement, sans pourtant apparaître pour de vrai. Jos Pacôme, alias Warden Laforce, puis Laurel Dumoulin sont trois incarnations à la fois réunies et inconciliables d'un moi-même divisé, énigmatique, involontairement dissimulateur. Se cacher, surgir, se tapir à nouveau, puis reparaître, à la fois soi-même et un autre. Tu connais ça, non? Sauvage, puis à demi apprivoisé, subissant un désir ambivalent, pourvu d'un appétit, à coup sûr aux yeux des autres déloyal, de vivre à la fois l'existence qui lui est dévolue et celle qui aurait pu (dû?) être la sienne.

Je ne relis que rarement mes livres. Tout au plus je les feuillette – histoire de me convaincre que je les ai bel et bien faits – et la plupart du temps ne les reconnais qu'à moitié, un peu comme si, les composant, j'avais eu comme on dit la tête ailleurs. Ou plutôt comme si je m'étais… échappé. Mystère avec lequel je ne parlemente pas, de peur de… je ne sais au juste quoi. Boris Pasternak, qui fut lui-même multiple et opposé, écrit:

La conscience est une lumière dirigée vers le dehors, la conscience éclaire la route au-devant de soi, pour nous éviter de broncher. On la tourne vers le dedans et c'est la catastrophe.

Non, pas de pluie. Un ciel d'étain, le vent mort, un vilain pourpre d'hématome au ponant. Tu serais ici, avec moi, qu'on sortirait de leur coffre dans la remise tambours et flûtes et qu'on danserait sous la nuée, la suppliant de crever enfin.

Comme si le ciel m'avait entendu, la pluie descend. Avant même de toucher terre, les premières gouttes remontent, charriées par la rafale. Premier coup de tonnerre, sans le moindre avertissement d'éclair. Son écho gronde et roule dans le lointain. L'inexplicable amour des cataclysmes me retient de prendre mes jambes à mon cou. Mais il y a autre chose. C'est que ça va barder, mais cette fois hors de moi, le ciel va s'emporter à ma place. Depuis plus de deux heures, j'avais les poings serrés et dans la bouche un méchant goût de métal. En fait, depuis le passage, au petit matin, du pick-up de ton père. Il rouait de coups le volant de son véhicule, secouant violemment la tête comme quelqu'un qui, ne parvenant pas à hurler, crie avec ses poings : non, non et non ! Je l'ai salué de la main, mais il était si grandement harnaché de son malheur qu'il ne m'a pas même aperçu, planté comme un épouvantail au bord du chemin. Deuxième fracas, cette fois tout près. Mourir foudroyé soudain me semble hautement enviable. Assourdi puis frappé. Une fin brutale au goût de soufre et qui ne laisserait de moi qu'une dépouille fumante et méconnaissable. La fureur de ton père, son incalculable chagrin m'affligent comme si sa peine était mienne, comme si j'étais ton père et que tu étais, toi, mon fils, mon garçon étranglé, chair de ma chair, sang de mon sang. Troisième détonation, cette fois au-dessus de moi, si proche que je flaire la ferroélectricité de l'explosion : effluve d'alun mêlé d'iode qui me brûle les narines. Je jubile et fulmine dans la même seconde. Puis je ferme les yeux et soudain entends ta voix, suppliante et lointaine. Tu hurles quelque chose que je ne comprends pas et qui me fait frissonner de partout. Je rentre en coup de vent, la folie aux trousses.

*   *   *

Tu en étais encore à l'âge d'un certain absolu, du vas-y sans ambages, de l'élan, de la passion pour l'inutile primordial. La jeunesse est l'ère du soupçon, de l'intuition divinatrice, de l'insurrection salvatrice. Mais, tu sais, nos dix-sept ans n'en ont pas l'exclusivité. Vainqueur de tout, nul ne peut l'être. L'illusion nous vient avec le durcissement des années, l'illusion de surplomber la vie, de dominer, de nous dominer. Et puis il y a – aujourd'hui plus qu'hier – cette hantise de l'aisance, de la sécurité, cette névrose de gagner la partie, le regard de l'autre cruellement fixé sur soi. Quand donc au juste, et pour quelle folle raison, ai-je, as-tu, avons-nous tous répudié le mystère et nous sommes-nous mis à nous méfier comme d'un virus mortel de l'impossible, auquel pourtant chacun est tenu? Quand et pourquoi avons-nous entrepris de bafouer notre insuffisance et commencé à envisager l'échec comme une défaite? Quand exactement avons-nous cessé de nous apostropher loyalement les uns les autres, nos cicatrices visibles et notre faible cœur cognant effroi et confiance dans le même battement mortel?

*   *   *

Tu es revenu. Tu es ici, avec moi, sur la galerie. Le grand tapage de la cataracte t'assourdit, toi aussi. Ton muscle cardiaque, comme le mien, colibri dont les ailes sont effacées par leur propre vitesse, pompe un sang si fluide que ses battements véloces t'étourdissent. Quelque chose de formidable, que depuis longtemps tu cherches partout sans le trouver, t'effleure et tout de suite s'estompe. Tu es Thésée descendant dans le labyrinthe et qui bientôt va connaître le fin mot de l'énigme. De grands arbres frémissants te cachent la falaise d'où tu veux te précipiter. Ta berlue a quelque chose à voir avec ton acharnement inepte, fatigant, inutile.

Je crie ton nom dans la tourmente et te vois détaler au pas de course.

*   *   *

F. revient du jardin avec, au creux de sa paume, un nid d'oiseau – de paruline, je crois – de la taille et de la profondeur du petit godet qui nous sert à déposer nos noyaux d'olives. Le minuscule habitacle est savamment tissé de brindilles de pin, entrelacées de filaments provenant de la bourrure du coussin des chattes qui traîne depuis trois ou quatre ans, hiver comme été, sur une chaise de notre galerie. Une merveille d'artisanat domestique à la fabrication de laquelle nous avons contribué à notre insu. Le petit nid, qui ne pèse pas trois plumes au creux de ma main, embaume la résine de pin et fleure la bave séchée de l'oiseau – un effluve rappelant l'odeur du gruau qui a légèrement collé sur le feu.

Comme je m'apprête à jucher l'objet de beauté sur une étagère de ma bibliothèque, F. entre en coup de vent, le regard affolé. À Nice, un autre attentat : un camion a foncé dans la foule des badauds sur la promenade des Anglais, frappant et tuant quatre-vingt-sept personnes. Notre fille, son copain et nos deux petits-enfants devaient, il nous semble, se rendre aujourd'hui à Nice, depuis l'Italie. Courriel sur le champ. Et nous patientons, le cœur dans la gorge. Le petit nid tremble au creux de ma paume. Nous le fixons tous deux comme s'il s'agissait d'un grigri, d'un talisman apte à éloigner le malheur. Le temps ne passe plus. La plus petite des chattes gratte à la porte. Son plat est vide, elle a faim. Tout en haut du pommier, le geai criaille, et c'est soudain comme s'il nous prophétisait le pire. Pour achever de nous tordre les nerfs, le vent se lève et les feuillages montrent leur envers de deuil. Minutes insoutenables qui nous semblent des heures. Puis le timbre de l'ordinateur : ce sont eux. Ils ne seront que demain à Nice. S'ils étaient partis aujourd'hui, sans doute auraient-ils fait partie des fêtards du 14 Juillet, sur la fameuse promenade. Ils sont atterrés mais vivants. Quatre-vingt-sept autres n'ont pas, n'auront plus jamais cette chance. Tu n'as pas eu cette chance.

Petit air de naissance et fracas de la mort dans la même éternelle minute de ce matin d'avant l'orage. Condoléances du vent qui vire de fureur à caresse et salut du soleil qui sort du gros nuage qui l'avait mis en éclipse.

* * *

Regarde : les petits jaseurs des cèdres arrivent en bande. Ils sont très en retard. Ils tombent du ciel habituellement fin juin. À la brunante, ils atterrissent, affamés et gloussants, dans l'amélanchier dont déjà le feuillage s'étiole. Les petits fruits sont ratatinés mais, *zriiii, zriiii, zriiii,* les élégants volatiles picorent, picotent, becquettent passionnément, leur queue battant la mesure de leur vorace appétence. À force, ils réussissent à faire gicler des fruits blets un semblant de sang qui leur rosit le jabot. Ils ne se possèdent plus : une fois repus, ils ascensionnent en sautillant les branches, se frôlant au passage comme des amoureux très en retard à la noce, piaillant misère et félicité dans le même criaillement exacerbé. C'est la phonation de la joie plus flagrante qui se puisse entendre, le désir et la hâte ardemment emberlificotés, le corps doté d'une science infuse de la courte durée de l'extase. Leur griserie est telle qu'ils ignorent la chatte qui rôde.

Tu es de nouveau avec moi. Je savais bien que tu n'étais pas allé très loin. Je suis content. F. aussi est contente. Elle s'inquiétait, comme moi.

*   *   *

Grenouille momifiée sur une marche de la galerie, grillée par le soleil, une cuisse manquante, ses orbites, d'où sont disparus les cristallins, imitant deux œillets d'une de mes godasses qui gisent près de la porte. À la fois trophée de chasse et reste d'un médianoche de la chatte. Les amphibiens sont sans défense entre chien et loup, somnolant sur une des grandes feuilles des nymphéas du bassin, à la manière de l'orant indien méditant sur sa natte. Flûtant son contentement à la lune qui monte, sans s'en douter la rainette affriande la chatte qui ne dort que d'un œil. Je pince entre deux doigts la dépouille quasi immatérielle. Je resserre légèrement l'étau et la bestiole s'effrite comme un biscuit fin, neige sur ma cuisse comme la suie d'un feu follet. La minuscule crémation naturelle me rappelle ces images aperçues hier soir dans un documentaire de la BBC, où l'on pouvait voir le sorcier d'une bourgade de montagne de la Mongolie, où il est impossible d'enterrer les morts, faute de terre – le pays n'est fait que de rochers, de caillasses et d'éboulis de pierrailles –, dépecer une dépouille et lancer à la volée, les éparpillant sur les grêlons, les membres tronçonnés de l'ancien vivant, son ami, abandonnant aux charognards l'ouvrage de nettoiement définitif. Le visage du sorcier croque-mort affichait un chagrin d'une telle componction attendrie qu'il faisait peine à voir. Hors champ, on a entendu la voix d'un des villageois marmonner :

— Notre frère est bien brave, mais il est taciturne. Son ouvrage le fait vieillir plus vite que nous tous.

Tu aurais aimé qu'une buse te nettoie les os, comme ça, et que le vent emporte au ciel ta poussière ?

*   *   *

Nous revenons, F. et moi, d'un concert à la belle étoile. L'orage dominait l'orchestre : le tonnerre était aux tambours, le vent à la contrebasse, les violons se faisaient tziganes, les archets chialaient, grinçaient, aigus et graves se lamentaient dans un même aller-retour furieux, assourdissant. Une bonne joie colérique qui faisait cogner le cœur. Sur la route, des éclairs de chaleur, dans un silence sans pareil, zèbrent la nuit, entrouvrent des abîmes. Des profondeurs infinies sont soudain découvertes puis escamotées aussitôt, nous épargnant d'avoir à sonder ces dimensions inconcevables. Je pense à Melville, à Conrad, au Giono de *Batailles dans la montagne,* à ces faiseurs de cataclysmes qui nous forcent à contempler à leur suite le galop endiablé des grands cavaliers de l'Apocalypse, nous obligent à constater la violence du désordre de vivre. Bien sûr, j'ai pensé à toi, à ton violent orage, juste avant la corde.

Le soupçon du massacre, l'intuition qui brusquement te perce les côtes : tout va, d'un instant à l'autre, dérailler, s'emporter, t'emporter. L'effroi est bon, nécessaire, salvateur peut-être. Mais ta folle confiance n'est qu'un attrape-nigaud. Tu vas le faire, là, maintenant, tout de suite.

*   *   *

Le grand héron cherche à descendre sur le lac quand il nous aperçoit, toi et moi, sur la petite plage. Il hésite. Encombré de ses longues ailes, il vire, tournaille, remonte en lente catastrophe et nous survole de si proche qu'on entend le chuintement mouillé de son essor, le faible glapissement d'un effort à contre-cœur consenti, puis un sanglot coléreux et aussitôt il disparaît dans les branches. Je me dissimule derrière la haie de cèdres, toi derrière l'orme mort debout. On le perd de vue un bon moment, puis on l'aperçoit, juché sur la grosse grenouille de ciment qui sert habituellement de socle à un pot de géraniums, au bord du bassin. Les deux chattes, mère et fille, allongées sur une marche, dévisagent l'apparition sans non plus paraître y croire. Le grand oiseau patauge un moment dans les nymphéas, de l'eau à mi-pattes. Jamais je ne l'ai vu de si près. Toi? On distingue nettement, au-dessus de chaque œil, les deux raies noires prolongées par des aigrettes de son plumage nuptial. Impossible de savoir s'il s'agit du mâle ou de la femelle tant les deux sexes sont identiques. Le cou se plie et se déplie à chacune de ses longues enjambées dans la vase. Il soulève délicatement une patte boueuse, puis l'autre, comme s'il craignait de souiller les belles grandes fleurs rouges, qu'il écarte de son long bec avec une prévenance de cérémoniant. Puis, brusquement, comme un harpon, il plonge son bec dans l'eau noire et se redresse comme une de ces plantes qu'on voit s'étirer en accéléré au cinéma. De son bec dépasse la patte d'une rainette qui gigote malaisément. Je crève les branches un peu trop hâtivement – toujours trop hâtivement – et le grand oiseau prend son essor, donnant balourdement des ailes en parfait silence. Nous admirons, la chienne, les chattes, toi et moi, sa paresseuse et royale élévation dans l'azur sans nuages. *It is,* comme l'écrit Annie Dillard, *like seeing an angel in a field.*

*   *   *

La nuit est piquée d'étoiles, les grillons flûtent, les criquets craquettent, la grive roucoule, une aurore boréale pulse entre Castor et Pollux. La terre tourne sur son axe, en apparence au ralenti, en réalité à vitesse sidérale. Les constellations défilent. Regarde, au-dessus des pins, la grosse nuée de Magellan : on dirait une flaque d'œufs de grenouille, piquée de diamants verts, dérivant dans l'eau noire du firmament. Non, ne t'en va pas ! Reste encore un peu ici, avec moi ! Lève la tête, quitte le bout de tes bottes, arque-toi, pointe le menton vers les scintillements, fais comme si tu allais boire à te soûler la laitance des astres. Ça te reposera de la mort qui t'a si traîtreusement endormi. Oui, comme ça ! Maintenant imite-moi, allonge les bras, hisse-toi sur la pointe des pieds et plonge vers le haut, nous allons nager dans la Voie lactée, survoler la lune, raser la mer de la Tranquillité, nous laisser aspirer par la spirale d'une nova. Tu aperçois la foisonnante nébuleuse des Pléiades ? Les phénomènes célestes ont de beaux noms. Les prononcer, même les yeux fermés, seul dans une chambre noire, est en soi toute une navigation galactique. Reste encore un peu et je t'apprendrai comment faire surgir les merveilles rien qu'en les épelant. Tu mets la paume de ta main face à ta bouche, étires les doigts jusqu'à frôler ton oreille et à voix basse, comme si tu articulais les mots d'une prière ou encore l'aveu d'un amour interdit, tu murmures : « Neptune et sa lune Triton, Phobos et Déimos, c'est-à-dire Épouvante et Terreur – ils doivent leurs noms aux deux chiens féroces du dieu Mars – et puis l'Hydre, la plus vaste constellation du firmament. Elle met plus de six heures à apparaître tout entière. On l'appelle aussi « le serpent d'eau », ou encore « le monstre à mille têtes » et... Hein ? Quoi ? Qu'est-ce que tu dis ? Non, je ne te parlerai pas de ton père. Pas ce soir. Sache seulement que, comme toi et moi, ton père cette nuit ne dort pas. Peut-être même te cherche-t-il parmi les brasillements de la Voie lactée ? Peut-être se demande-t-il ce qui a bien pu t'attirer là-haut, à quel inexplicable et périlleux appel tu as si témérairement répondu ? Non, non, n'y pense pas, ça ne servirait à rien. Respire un bon coup, avale une rasade de ce phosphore rassasiant des étoiles et écoute-moi. Ou plutôt, écoute Tomas Tranströmer, ce poète suédois que tu ne connais pas non plus :

Ouvre les yeux !
C'est la dernière fois que tu vois ça !
Nous décollons
Volons bas au-dessus de l'été
Toutes les choses que j'aimais, quel poids ont-elles ?
Des dialectes par douzaines dans la verdure
Et surtout le rouge des cloisons dans nos maisons
de bois.

Mais je gaspille mon vent, tu as de nouveau disparu.

*   *   *

Il pleut et fait soleil en même temps. Deux arcs-en-ciel, l'un au-dessus de l'autre, bordent plein sud le ciel d'un étincelant lapis-lazuli. Je t'attends pour aller au lac. Prends ton temps, rien ne presse. Ce matin, cent mille milliardième et premier matin du monde, sous l'oblique et rase lumière d'août, nous allons, comme depuis toujours le font les peuplades sédentaires, à la queue leu leu, F., Laurence, Rafaël – nos petits-enfants – et moi, plonger dans l'eau fraîche du lac.

Laurence :

— Pourquoi la libellule a peur de toi et pas de moi ?

Rafaël :

— Comment le têtard, que t'appelles une « queue-de-poêlon », devient-il une grenouille ?

Laurence :

— Grand-papa, chante *Ton seau il est percé cher Eugène* !

Rafaël :

— Regarde, grand-papa ! Je peux me noyer sans mourir !

Laurence :

— C'est parce que t'es trop petit encore !

*   *   *

Virée dans le Bas-Saint-Laurent avec les petits. Avons vu, entendu et documenté eiders, cormorans, sternes, pluviers, outardes, sturnelles des prés. Avons prêté l'oreille aux lapements, aux reflux et ressacs de la marée, au vigoureux vent de l'estuaire, à la tourmente de la pluie dans les feuillages, aux chuchotements de la brise dans les moustiquaires. Dans le fleuve, avons aperçu une baleine à bosse, vingt petits rorquals, un rorqual commun géant qui a crevé la surface bleu-noir de l'eau, dix mètres devant nous, des bélugas innombrables, la tête de chiot d'un phoque dans le creux d'une vague et les tourbillons impossibles à suivre des yeux du large sillon abandonné par le bateau. Avons croisé nombre de touristes inaptes à voir et à entendre, occupés qu'ils étaient à texter, placoter, *selfier*, ratant scandaleusement l'aventure. Avons cueilli l'orge agréable, les petites tomates d'un rose de Noël des rosiers en fruits, trois longues plumes de cormoran, une plumule duvetée de bécasseau, une rémige de corbeau géant, d'un noir brillant comme du mica, son liséré délicatement lustré de violet, une grosse araignée d'algues, ses petites bulles crevant entre nos doigts, lâchant un bruit sec de pétard. Avons dormi, toutes portes et fenêtres ouvertes, bercés par l'invariable et tranquille respiration du fleuve. Nous sommes gravement tus, le cœur cognant une joie sans pareille, devant l'incendie ocre, mauve, vert, gris fumée et jaune pêche du couchant. Avons déchiffré tout ce qui se trouvait d'imprimé sur notre passage, circulaires, cartes, enseignes. Avons fait de la trampoline quasi olympique sur des lits que nous quittions chaque matin de très bonne heure, leurs draps et couvertures en terminaison d'ouragan. Avons versé une larme devant le spectacle ignominieux d'un bébé marsouin échoué dans la vase moirée de mazout du jusant, au creux d'une anse perdue. Nous sommes régalés de délices par les parents hautement prohibés, jurant solennellement de ne pas ébruiter le péché. Et, finalement, avons rendu nos complices à leurs géniteurs, à grand regret nous sommes séparés sous un ciel noircissant à vue d'œil, promettant que bientôt, très bientôt, nous recommencerions l'équipée belle.

*   *   *

Je sors, ébloui, de l'exposition *Les Derniers Territoires*, réunissant les treize dernières années du travail titanesque de René Derouin. Si tu avais franchi avec moi la porte du très beau musée de l'Université de Sherbrooke, tu aurais aperçu l'univers que tu croyais connaître et que le géant, l'immense artiste qu'est René Derouin a transformé pour nous en cosmos précambrien, aussi constellé de signes cabalistiques que le ciel de nuit l'est de comètes. Les œuvres de papier découpé et *bois reliefs*, en noir, blanc et bronze, collent à la rétine comme les poudroiements d'un astéroïde trop longtemps observé au télescope. Envols furieux dans un espace à la fois libre et menacé, déploiements de plumes en tourmente dans un firmament d'encre dentelé de trous stellaires, non pas noirs, mais blancs, du blanc radieux du ventre du harfang des neiges. Rondes ensauvagées d'oiseaux en allègre détresse dans un maelström d'or en fusion. Virevoltes alarmées, circonvolutions infinies, obsédantes, de bêtes-personnages provenant de tous les âges d'une animale humanité planant aveuglément dans le tourbillon d'une trop tranquille fin du monde. La Terre en grand désarroi mouvant, les trois Amériques confondues, terres promises vouées à une disparition certaine. La manière porte l'empreinte du Mexique, du Japon, mais surtout de l'éternelle frousse de l'homme en déroute. Le peintre-graveur-sculpteur n'en finit pas – rappelons-nous *Migrations,* en 1994, ce naufrage dans le Saint-Laurent de milliers de statuettes, cruelle et magistrale allégorie d'un peuple coulant au fond des eaux de son plein gré, humanoïdes ignorants, déments, oublieux de la dernière chance – d'arpenter le royaume métissé des derniers territoires, ceux de la mémoire et du désir, de l'irréfutable effroi et de la survie inespérée. *Le temps est la source du renouvellement,* écrit Derouin. En noir et blanc et bronze. En furie, en beauté. L'univers inachevé, à la fois en sûr danger et en constant recommencement. Je te jure, ça t'aurait donné une furieuse envie de revenir de ce côté-ci du mystère.

* * *

Les grillons flûtent sur trois notes désaccordées. Les criquets crissent comme des castagnettes épuisées. Le vent halète tel un grand poisson couché dans l'herbe. Rien à voir avec le romantique clair de lune des poètes. On dirait plutôt l'envers du décor d'un drame inconnu, le désordre blême d'une confrérie de gnomes, d'une chamaillerie de fantômes que pour ne pas devenir fous les dormeurs tranquilles se doivent d'ignorer. Le pommier arbore non pas ses rougeaudes pommes de jour, mais d'inquiétantes boules métallisées, d'un vilain vert-de-gris. Le bosquet de groseilles fourmille de fausses perles du gris d'étain, mat et traître, de ces joyaux empoisonnés des vieux contes. Le merisier et son ombre gisent, l'un debout, l'autre couchée. Facile, cette nuit, de donner suite à l'ensorcelante féérie, d'emboîter le pas au mirage, à la lueur de ce que Mark R. Chartrand – *Field Guide to the Night Sky* – nomme *the ashen light of the waxing gibbous moon*. Le halo d'un mince quartier de lune met le feu à la nuée, un incendie vif-argent qui occulte le jardin entier et nous escamote, le merisier et son ombre, la chatte et la sienne, moi et la mienne. Toi, tu n'as pas d'ombre, bien sûr, ou alors tu es tout entier ombre, ombre dans l'ombre. Mais tu es là. Tout va bien. Tu assisteras au miracle de l'aube à mes côtés.

Il n'est pas interdit, par cette nuit surréelle, de

fabuler, de prêter des intentions aux lueurs et aux ombres, de bâtir un roman plus vrai qu'un songe.

Je rentre à regret, comme à l'est blêmit l'horizon. À peine allongé, je coule comme une pierre au fond d'un puits.

*   *   *

Dans un épisode du documentaire *A Man and His Dogs* – présentation de l'acteur anglais Martin Clunes –, tu aurais pu apercevoir avec moi un authentique loup-garou des temps modernes. Cherchant à tirer au clair les origines du chien domestique, Clunes va à la rencontre de l'homme-loup qui, dans une vallée du comté de Dorset, en Angleterre, vit avec une famille de loups orphelins qu'il a sauvée d'une mort certaine. Doté du regard perçant et de la toison hirsute du fauve, le gars cohabite en rude familiarité avec ces bêtes considérées, à juste titre, comme inapprivoisables. Son approche et son discours stupéfient. Dompter, dresser, assujettir le loup est impossible. Nul comportement humain, nulle ruse d'homme ne peut le dominer. Le chien sauvage n'obéit qu'au grognement du plus fort, au regard de tueur du chef de bande. Il s'agit donc d'imiter les contorsions, œillades furieuses et grognements du loup maître. On le voit entrer dans l'enclos, la carcasse d'un jeune daim sur l'épaule : le chasseur-pourvoyeur, c'est lui et nul autre. Lançant la pâture aux molosses, il se couche sur le sol, imitant à s'y méprendre l'attitude à la fois supérieure et tranquille du chef de guerre, puis se frotte coléreusement aux bêtes affamées, poussant le hurlement autoritaire, incontestable du doyen. Ainsi notre loup-garou parvient à apaiser la grogne de ses pairs, les forçant à déchirer, chacun son tour, pour ainsi dire en ordre et en silence, leur proie.

On ne dresse pas le loup. On ne peut bien sûr pas faire de lui un chien couchant. Une fois qu'on a compris qu'il ne se soumettra jamais à l'homme et n'obéira jamais qu'à celui des siens qui sait montrer qu'il est à la fois le plus fort et le moins égoïste, il ne reste plus à l'humain qu'à jouer ce rôle. Alors la partie est presque gagnée…

*   *   *

Ton père est venu, ce matin, arpenter son territoire de chasse. Je l'accompagne dans la pinède où il compte bâtir sa cache. Il avance d'un pas lourd, fatigué. Je vois bien que pour lui tout est changé : notre forêt, le ciel pâle, les épis jaunes déjà de la verge d'or. Mais il fait comme si. Il ne me parlera pas de toi. Je n'évoquerai pas non plus ton absence insistante. Il marmonne aux arbres, sans me regarder, que la belle saison a été plus courte qu'un songe. Je me tais, pose ma main sur son épaule. Il secoue la tête comme un qui veut se débarrasser de la guêpe qui le taraude. Puis il dit :

— Tes pommiers sauvages donnent pas beaucoup de pommes. C'est le gel du mois de mai.

— Oui.

— Ton voisin va peut-être me slaquer des pommes tombées.

— Y a pas de raison qu'il te refuse ça.

— Ouais.

Ainsi parle-t-on quand on veut oublier et que c'est au-dessus de nos forces, quand le cœur risque de se fendre à chaque pas héroïque. Toi, tu as tout oublié déjà. Le parfum des roses d'automne, le goût sucré-amer des dernières framboises, la noce des carouges qui préparent leur exode, s'ébattant furieusement dans les roseaux fanés, l'espoir difficile à trouver, l'indécelable désir de continuer, l'effroi que tout disparaisse à ton insu. Je laisse ton père gagner le grand pin au milieu de la clairière. Je lambine, la chienne collée à moi comme si elle savait – et peut-être sait-elle, qu'est-ce que j'y connais ?

— Viens voir ça !

C'est presque un cri de joie et je bondis dans l'herbe haute, la chienne sur les talons. Ton père est grimpé dans le chêne, à mi-hauteur. À cheval sur une branche, il balance les jambes, comme tu as dû souvent le faire, dans l'érable derrière le hangar de ta dernière malchance.

— L'année passée je voulais m'installer icitte, mais l'arbre était encore trop malingre! Là, regarde-moi ça!

Et voilà que, s'accrochant à la branche au-dessus de lui, il se dresse de tout son long et m'envoie la main, vigie d'un navire fantôme apercevant le fantôme d'une île.

Tu le vois apostropher le large, imaginer, tout seul, l'impossible appareillage?

À charge de revanche et à ta place, je lui dessine dans l'air un grand moulinet des deux bras. C'est bien comme ça que tu ferais, non?

*   *   *

La femelle du faucon émerillon et son oisillon sont juchés tout en haut de l'orme mort debout, perchoir à tous volants de passage. Dans la lumière rasante du couchant, le ventre du petit rapace et celui de son rejeton sont du jaune mordoré, brasillant, du bouton d'or. Le petit, son duvet l'auréolant comme un halo, saute balourdement de branche en branche, tandis que la mère tourne sa belle tête d'aiglon à bâbord, à tribord, scrutant le ciel pervenche parfaitement vide. Nous l'épions une bonne heure, détaillant les plumes bleu ardoise de son dos, sa queue noire striée de deux bandes blanches parallèles, nous émerveillons de ses brusques plongeons véloces à la rescousse du petit qui dégringole, s'agrippe à une ramure et siffle allègrement son effroi. Je te récite, à la manière des amis apaches de Keith Basso à Cibecue, Arizona, leurs *place-names*, les lieux et moments où j'ai aperçu le petit faucon :

— Sur l'île Saint-Barnabé, au large de Rimouski, lors d'un atelier de création littéraire en plein air, sur la plus haute branche d'un pin royal, à Saint-Jean-Port-Joli, où il hume le vent tandis que je tiens serrée dans la mienne la main glacée d'une amie à qui on vient de briser le cœur, à Pointe-à-la-Croix, au bord de la Ristigouche, en compagnie d'Alvina, mon amie et la plus fervente liseuse que je connaisse, dans la dense feuillée d'un érable à Giguère, d'abord un battement d'ailes pareil au vacarme sourd d'un enfant jouant tout seul au sorcier, tapant de ses petites mains contre un tronc vide, puis son plongeon en rase-mottes, le vent de son essor qui nous caresse la tête et qui prend le large comme un cormoran, à Saint-Alexis-des-Monts, et c'est papa qui le nomme – c'est la toute première fois que j'entends son nom de chanoine épiscopal –, pointant le faîte d'un grand hêtre au milieu du champ d'orge de l'oncle Roland, au bord de l'Indian River, dans le Vermont, alors que F. est encore toute neuve dans ma vie, qui siffle sur trois notes et le petit rapace aussitôt lui répond…

Tu vois, si tout passe, tout revient toujours.

*　　*　　*

La nostalgie serre le cœur et pourtant le jardin foisonne, les geais ricanent toujours comme des mécontents, les ombres rampent dans l'herbe, le chardonneret descend et remonte vers le ciel, trillant allègrement son motet, la chatte roupille sur sa marche comme si la belle saison ne devait jamais finir. Elle a raison, seul l'instant compte, le temps roule sur lui-même, l'horloge et le calendrier mentent. Il faut dire que la chatte ne retourne pas en ville demain et que, si sa pâtée vient à manquer, elle chassera, redeviendra panthère, ne se tourmentera pas du jour et de l'heure, filera son petit bonhomme de chemin sans se prendre au piège de l'inquiétude. Elle m'enseigne la grande méthode : oublier qu'on doit mener une vie, sa vie, et laisser le phénomène s'accomplir à notre insu. Comme la chienne, la couleuvre, l'oiseau, elle n'a pas à décider de se brûler ou de renaître. Engluée de charmes, prompte à s'éblouir, elle n'est pas laissée dans la marge de la vie par les rencontres qui n'ont pas eu lieu, par une maison désertée, ses pièces tristement traversées par le jour seul. Elle ne se laisse pas troubler par les incessants allers-retours de la présence et de l'absence, par les oscillations de la chance et du malheur. Elle ne manque pas d'attention à l'aube, ne redoute pas la nuit, n'est pas sujette à l'intoxication des songes. Quand la panique survient, elle s'enfouit dans son poil, retient son haleine et attend. Rien ne surgira sauf de temps à autre une sauvagerie coutumière, qui peut-être la tuera, ou au contraire passera comme une ombre, et elle se rendort. La mort peut-être a surgi et s'en est retournée, elle ne le sait pas, n'y pense pas, ne se dit pas au sujet du temps qu'il n'est qu'une minute avant l'extinction. Elle ne s'ingénie pas à explorer les enfers, ne se désole pas au spectacle de visages tordus par la douleur. Elle a oublié ses deux petits, qui tètent l'air, boulangent le tapis, s'apprêtent comme elle l'a fait avant eux à se lancer dans l'aventure insensée du jour nouveau. Ce matin, il va sans dire que je l'envie, l'admire, la jalouse. Elle ne se doute pas que le nid de l'étourneau qu'elle épie est un charnier, ne s'excuse pas sans cesse de l'air qu'elle déplace, ne prend pas position en face du cosmos. Si ses camarades chats la houspillent, elle décampe, l'air de dire « pourquoi donc ici faire intervenir l'amour ? » et va s'allonger plus loin, la prunelle aux aguets. C'est que la taupe n'attend pas, il faut la suivre. Elle est à l'abri du moindre faux pas, l'attention constante lui donne dans toutes les circonstances le balancement assuré du somnambule. De plus, elle sait ce que je vaux, que je suis toujours allumé à feu doux, que je suis un géomètre de la démesure, que je suis affublé, comme toi, d'une raison déraisonnante et que parfois les sentiments me sont une prison, que devant moi il y a souvent une série d'escaliers qui montent vers le vide. Elle connaît le plaisir incompréhensible que je prends à compter les étoiles, sait la vitesse parfois dangereuse de mon pas, se frôle très doucement contre mes mollets quand je tourne les pages d'un livre qui m'emporte loin d'elle, vers elle ne sait où. Elle ne se doute pas de l'existence du labyrinthe que j'arpente à mes heures, ne devine rien des mille sentiers que je néglige de suivre et qui me causent un remords qu'elle méprise comme elle dédaigne toute complaisance. Elle est bien placée pour savoir à quelles extrémités parfois me conduisent les ciseaux oubliés dans l'herbe et que déjà la rouille a pris, le téléphone qui piaille au mauvais moment – c'est presque toujours le mauvais moment –, le nid de chenilles brusquement apparu au bout d'une branche inatteignable du chêne. Elle ignore à quel point pour moi, souvent, la folie coïncide avec un devoir, la fatigue avec le désespoir. Pour elle les faits ne sont pas des mystères, ou au contraire le sont toujours, ce qui revient au même. Elle ne connaît rien du péché physique qui mange les forces, comme l'amour quand on n'aime plus. Obéir, résister ne signifient rien pour elle et la voilà justement qui secoue la tête, refuse mon appel, file vers le lac, l'air de me dire : « Les grands artistes ne peuvent se contenter d'avoir du talent. Tu dois bien savoir que les jours qui pour toi se succèdent ne suffiront jamais. Quel imbécile tu fais ! Va travailler ! »

*   *   *

Ce matin encore est le seul matin, l'éternel été, celui qui rameute successivement tous les autres. Celui de mes dix-sept ans sur la plage, à Oka. Celui de mes après-midi avec Solange, à faire semblant d'apprivoiser l'algèbre et la trigonométrie, à rire et à parler sans finir, nos deux verres d'orangeade tiède sur l'accoudoir de nos chaises. Celui de la mer Méditerranée, son bleu profond, son soleil anesthésiant, dans l'île de Crète de mes vingt-deux ans. Celui d'une passion qui a bien failli me racornir à tout jamais, dans une maison délabrée au beau milieu d'un champ de mil. Celui de l'ennui suffocant et des premiers vrais livres lus dans un autobus qui m'emmenait dans une ville inconnue, où je m'en allais cogner aux portes de maisons inconnues pour offrir à des inconnus un abonnement hors de prix à un magazine bête à manger du foin. Celui de mes huit semaines en ville, à l'âge de dix-neuf ans, dans un logement étouffant où des copains de cinq ans plus vieux que moi, affectant un cynisme fraternel, ayant à propos de la vie et surtout de la mienne une théorie farfelue mais claire, précise comme une hypothèse mathématique, m'ont enseigné l'attention, l'audace et la désinvolture. Celui dont je ne me rappelle presque rien, sinon l'emprise d'un chagrin qui, comme tous les vrais chagrins, arrivait un peu tard, peut-être trop tard et ça me faisait peur. Celui-là encore, cet autre, toujours le même été, son soleil cuisant, son ardeur jamais escamotée, saison fabuleuse, gaie ou triste, mais en tous les cas éclatante et fuyant trop vite. Cet été, ces étés de la soif qui enfin connaît la source et le puits, au cours desquels chaque jour, chaque matin j'ai ouvert, comme ce matin, un cahier et appelé à mon secours les mots parfois introuvables, mais que je savais, sais toujours ici, là, quelque part, peut-être tout près, disponibles, complices, vivaces, fraternels comme mes copains d'autrefois.

*   *   *

Violent orage dans la nuit, un arbre a été frappé par la foudre, je l'ai entendu craquer puis gémir comme une grande bête blessée et enfin s'effondrer dans l'herbe. Au petit matin, je sors, nu, dans le vent déchaîné, l'esprit englué dans un songe de destruction obnubilant, dans lequel, puisqu'il ne restait plus rien de ma vie, il me fallait en finir – je ne saisissais pas avec qui, ni quoi, ni comment. Alors j'ai bien sûr pensé encore à toi. Cette émotion-là, ce délire, cette fermentation puis ce débridement de l'épouvante, ce consentement insensé à en finir, la peur au ventre, la certitude irrépressible d'une fin catastrophique, à la fois pas volée et imméritée. Tu sais, je crois, je sais que chacun la connaît à ses heures. Les mots *sérénité*, *bonheur* sont des abstractions inopérantes face à l'irrévocable condamnation qui remonte du fond de soi, la nuit, à notre insu. L'oubli juge et punit par contumace, méprise les gémissements de l'accusé qu'il renvoie dans sa cellule, pieds et poings liés.

Je fends l'herbe haute en chamaille, marche vers le tremble tué, me recueille sur son corps fracassé. Je reviens vers la maison, quasiment étonné que la galerie, l'entrée ne soient pas défendues par quelque molosse sans pitié. Et que je ne t'aperçoive pas sur le pas de ma porte.

Il est certain qu'en souffrant, on peut apprendre beaucoup de choses. Le mal c'est que pour avoir souffert, nous avons perdu la force de nous en servir. Et simplement savoir est moins que rien. CESARE PAVESE

*   *   *

Je ne t'ai pas encore parlé d'Eduardo Galeano, cet exilé des dictatures de deux pays, ce traverseur de frontières, ce cœur en lambeaux et qui bat dans ses phrases comme les ailes de l'oiseau prisonnier contre les barreaux de sa cage, ce grand ennemi du n'importe quoi et de la violence qui s'oublie, ce chantre de la tendresse enflammée, qui a parfois une femme en travers des paupières, parfois un cri de révolte en travers de la gorge – *je n'ai jamais tué personne, certes, mais c'est le courage qui m'a manqué, ou le temps, surtout pas l'envie* – et qui vit plus fort quand il écrit, même *si les mots ne ressemblent pas à ce qu'ils racontent.* Chez lui

> *il fait si chaud que les lézards ne se déplacent pas sans leur ombrelle et les hommes libres sont des riens qui valent moins que la balle qui les tue. Ton prochain n'est ni ton frère ni ton amant. Ton prochain est un concurrent, un ennemi, un obstacle à franchir ou une chose à utiliser. Le système qui ne donne pas à manger ne donne pas non plus à aimer. Nombreux sont ceux qu'il prive de pain, mais plus nombreux encore sont ceux qu'il condamne à une famine d'étreintes.*

Tu sais, bien sûr, de quoi il parle.

*   *   *

Octobre et sa lumière oblique, ses ors, ses bronzes, ses rouilles, ses petits matins frisquets, ses vents qui surgissent du nord, dérivent vers l'ouest, contre-braquent vers l'est puis s'endorment au sud, naufragent dans l'herbe tapie, et voilà qu'on ne sait plus si ces lits chauds qui fleurent le musc et la fougère mourante sont de sa façon ou bien s'il s'agit de l'ouvrage des chevreuils qui font encore leur nuit dans la clairière, près du rond de feu. On ne sait pas non plus si ces soudaines détonations qui font exploser le grand silence de la pinède proviennent du fusil de ton père ou bien émanent d'un orme qui se fend, d'un tronc qui cède dans la forêt nuiteuse encore, ou d'un orage qui s'annonce du fond de l'horizon. Tous ces bruits inaccoutumés sont de nature à faire naître des contes, des légendes, un de ces noirs récits que je défrichais, enfant, au grenier, lové sur le vieux divan défoncé, à la rassurante clarté du fanal. Je m'avance dans l'ombre, maigre à présent, du dernier peuplier qu'il nous reste et prononce pour toi, à voix étouffée, les paroles que se chuchotait Pessoa, dans les rues endeuillées de sa Lisbonne tant aimée, tant pleurée :

Serei sempre o que esperou que lhe abrissem a porta
ao pé de uma parede sem porta.

Je serai toujours celui qui attend que la porte s'ouvre, au pied d'un mur sans porte.

*   *   *

Pluie douce, un égouttement d'arbre qui se secoue. La porte est ouverte encore et j'entends le pic chevelu qui cherche sa pitance sous les friselis d'écorce rabougris de l'orme mort, dont les branches décharnées menacent mon repaire. Vais-je finir assommé, une main sur le cœur, l'autre agrippée au crayon, seul mais à mon unique et vraie place, attelé à la seule tâche qui me convienne et qui n'a aucune justification raisonnable : écrire ? Écrire, c'est-à-dire *défier l'échec, parler à partir de ce qui coupe la parole*, comme l'écrit Pierre Bertrand, échapper à cette *rage de construction*, à l'*impératif moral de la vision commune* dont parle Cioran. J'écris parce je m'entête à ne pas fuir le réel, à ne pas transcender le moment présent. Et j'écris avec les autres, en compagnie des autres, refusant comme eux, avec eux, d'une même opiniâtreté sans doute présomptueuse, l'isolement et le bavardage, les certitudes affouillant de toute part. Je n'en finirais pas d'énumérer les chausse-trappes à tout moment placées devant chacun de nous et qui font oublier que lorsqu'on a perdu l'espoir il y a toujours l'espoir des autres, que *cette fameuse lucidité qu'on revendique à tort et à travers et qui ne nous sert qu'à vaquer à nos petites affaires louches et à compter nos sous,* comme l'écrit Antoine Blondin, est un attrape-nigaud, que la mélancolie des sympathies interrompues qui fait chialer les éternels contempteurs de l'amitié difficile, que l'amour inintelligible n'est qu'une trahison de la mémoire, une vilaine façon de faucher compagnie aux morts, qui ne disparaissent pas simplement parce qu'on les a enterrés ou brûlés… Je m'arrête ici, saisi par ce que Tchekhov appelle l'*effroi de la bêtise philosophique.*

Tu vois, on n'écrit pas avec, mais contre les mots, que la servitude et la banalité ont vidés de leur sens. *Une bonne défense contre les choses,* écrit encore Cioran, *c'est le silence où l'on se ramasse pour bondir.* J'appose mon paraphe là-dessus, n'ayant rien à ajouter.

Toi, tu n'as pas quelque chose à me dire?

Le pic picore, l'écrivain scribouille, tu te reposes quelque part, la pluie tambourine : la vie est bonne et dure et dure et bonne. Un point c'est tout.

*   *   *

Avec Joséphine Bacon, dans un café. Elle psalmodie à voix brisée, tour à tour en innu et en français, ses deux langues parallèles, contraires et réunies, épelant sobrement, ardemment, la nécessité de se poser pour voir, entendre, amorcer la suite du monde sans rien oublier des enseignements des ancêtres qui parlent de très loin et qu'on n'entend qu'en fermant les yeux, la tête penchée comme lorsqu'on écoute l'oiseau rare qui n'est que de passage. Le temps s'est inexplicablement arrêté et enfin, nous voyons, sans comprendre, nous partons avec elle dans l'aventure de commencer enfin, et alors on se remet à accueillir sans poser de conditions, sans émettre d'objections, le quotidien tour à tour enchanté, grave, apaisé, notre instant sur la terre que, comme ces dunes du goulet où nous sommes – salon du livre de Shippagan –, le vent fait et défait à sa guise.

Tu aimerais Joséphine, qui ne parle jamais pour rien dire. Cette petite heure au bord de la mer passe comme un rêve. Les mots articulés à voix basse dans le bruit furieux du monde prennent l'air comme des secrets chuchotés. Ils sont, pour Joséphine d'abord, et soudain pour Nathalie, son amie, et pour moi, les seuls mots de passe capables de nous entrouvrir la porte de la survivance. Le ciel se chamarre de bleus cuivreux, d'indigos pastel, de roses d'outre-monde et l'on se tait avec un bonheur indicible, chacun un galet tiède au creux de la paume.

La grande fatigue de continuer à vivre une petite

éternité nous déserte. Puis on se secoue, Joséphine reprend sa canne, Nathalie sa hâte tranquille, moi mes longs pas de toujours-en-retard-partout, et nous revenons parce que là-bas, dans l'aréna métamorphosé en bibliothèque, ces autres oiseaux de passage, les lecteurs, nous attendent.

*　　*　　*

À bord du VTT nous fendons la houle de la verge d'or, les cheveux saupoudrés de la neige rouille de leurs pétioles, traversons le sous-bois ombragé déjà de cuivre et de bronze, puis le champ d'herbe à dinde, écrasons sans pitié les tiges étiolées couleur tabac sec, apercevons la cache de ton père, à mi-hauteur d'un érable, son feuillage du jaune de la noix d'acajou, piquons vers la planche d'épinettes, les épaules et les bras fouettés par les grands plumeaux des branches, les yeux fermés, nos paupières caressées par leurs aiguilles douces, cueillons au passage les étoiles bleues des derniers asters, songeons, F. et moi, chacun de son côté et sans rien dire, à l'endormissement prochain et quand même nous laissons ensorceler par l'agonie flamboyante, cet incendie sur sa fin dans les branches, longeons le petit lac sauvage où le soleil se noie, abandonnant la partie à cinq heures de l'après-midi, virons vers la pinède, escortés par la chienne qui sculpte une houle zigzagante dans les hautes herbes, flairant les couches tièdes des chevreuils, sa queue ébouriffée émergeant par-ci par-là comme le drapeau en lambeaux du soldat qui se rend, revenons par le sentier de cenelliers, leurs meurtrières épines brandies telles des dagues, dégarnissons un buisson de pimbina, histoire de nous faire un bouquet de ses petites sphères d'un rouge de Noël, et soudain, comme si nous ne nous y attendions plus, apercevons la maison comme deux aventuriers revenant d'une longue expédition.

Nous nous déchaussons et avançons comme des revenants sur le gazon sage vers la galerie, où nous accueille la chatte qui nous dévisage comme si elle nous avait entièrement oubliés. Comme je commence à t'oublier, toi, et m'en fais gros souci.

*   *   *

Nous vieillissons trop vite dans ce temps qui partout rajeunit, montrons trop de cicatrices, composons maladroitement avec l'inadvenu, le mal advenu. Et toi, tu fais le mort, comme ce grand chêne, au bout du champ, qui s'arc-boute pour faire face à l'hiver. Tu fais le mort, il fait le mort et nous ferons pareil, tâchant d'éviter de gémir et de nous lamenter, nous qui nous tourmentons inutilement du méchant calcul des années, de la cruelle brièveté de l'aventure de vivre. C'est une chose de vouloir se frayer un passage, c'en est une autre de vouloir s'attaquer à la paroi. Ce qui est fatal est simple, et pourtant je ne sais toujours pas m'incliner sans fléchir.

Tiens, ton père fait feu, quelque part derrière les arbres en fusion. Un chevreuil peut-être achève sa vie, perd son sang sans se plaindre, tandis que j'ergote et spécule et me désole. Tout à l'heure, revenu à la maison, je mettrai de la musique, la troisième variation Goldberg, celle dont les arpèges continuent de vibrer longtemps après que les mains de Gould ont lâché le clavier. Et je tisserai des phrases qui tenteront de te faire enfin comprendre que, l'explication n'existant nulle part, il faut simplement continuer d'être, interdit au contact du réel changeant, dans un avenir raccourci.

*   *   *

Au crépuscule, nous avons arrosé d'essence un amas de branches détrempées d'eau de pluie, y avons jeté une allumette et presque aussitôt ont surgi du brasier des feulements à fendre l'âme, et nous avons vu la chatte bondir du brasier. L'étourdie a mis bas sous les branchages, histoire de placer sa litée à l'abri du raton laveur qui niche dans le foin, tout en haut de la grange. Les chatons ont cramé le temps de le dire. Au matin, la chatte n'est visible nulle part. Comme pour me punir à retardement, une bourrasque de vent lugubre coule de l'étroite fenêtre aux carreaux brisés que depuis des lustres nous nous promettons de remplacer. J'en suis quitte pour constater le grand ménage qu'il y aurait à faire ici dedans et que je n'ai toujours pas, ce matin encore, le courage d'entreprendre. Il y a des jours comme ça où tout nous semble au-dessus de nos forces et où l'on se dit lâchement que, puisque ça a attendu longtemps, ça peut attendre encore. Mais je reste là, le front contre la poutre qui fleure la fougère brûlée et l'huile à moteur, à ruminer de vieilles affaires insolubles. Et, bien sûr, à penser à toi.

Le troglodyte des marais casse maison. Les volatiles, la queue dressée, sautillant dans la talle de quenouilles au bord du lac, paraissent batifoler comme en mai. En fait, ils revisitent leur nid, comme toi, histoire de n'y rien oublier. Je les regarde piquer dans l'emmêlement des grandes herbes, poussant des *tcheck tcheck tchekeurrrrr* alarmés, jaillir du fouillis roux des roseaux, s'élancer dans le ciel, ce matin d'un bleu de commencement d'été, et revenir en grande hâte au logis – une poche ovale de la taille d'un gros pamplemousse, faite de lames d'herbe entrelacées – que la femelle picore et détricote à forts coups de bec, comme pour le rendre inhabitable à l'étourneau squatteur ou au moineau paresseux. C'est merveille de les voir besogner à toute vitesse, pressés par l'urgence de la grande envolée vers les belles baies de la mer des Caraïbes. Ils s'affolent très méthodiquement, se jettent dans l'air comme des flèches tirées par un archer invisible tapi dans la fardoche, les ailes en bataille comme celles des chauves-souris à la brunante, follement occupés à se mettre en forme pour la longue traversée qui les attend.

Toi, où en es-tu de ta migration?

Bientôt, les nids en lambeaux seront emportés par le vent et la bourrasque, voleront dans un ciel de neige. Je me pose sur le banc de pierre au bord de l'eau, pour admirer les virevoltes des troglodytes, dans le bariolis des arbres à l'envers. Tu sais, on suppose la merveille à l'autre bout du monde, alors qu'on l'a au bout du nez.

Je rentre, je fais du feu dans le poêle, monte à ma table et, les doigts gourds encore, attaque une première phrase, la biffe, en chantourne une autre, la noircis aussitôt d'épais traits de crayon, la regarde disparaître dans une vilaine nuée d'orage qui me fait presque plaisir à voir – personne, pas même moi, ne sera témoin de mon effrayante indigence. Mais ce n'est pas assez, je déchire la feuille, jure qu'on ne m'y reprendra plus jamais, descends l'escalier, jette au feu la page roulée en boule dans mon poing. Puis j'ouvre la porte au vent mauvais, aperçois la chatte sur un coussin étripé qu'elle a traîné sur une marche de la galerie. Je lui miaule un appel de détresse, un lamento en mode mineur qui, en français approximatif, pourrait vouloir dire quelque chose comme : « Pourquoi écrire encore un autre roman, j'ai depuis longtemps récité toutes mes hantises, calligraphié toutes mes perplexités, mis en phrases à peu près toute mon histoire de dérivant volontaire, la commettant aux soins ou à la garde de personnages à la fois plus braves et moins forts, moins libres que moi, et qui m'ont entraîné loin dans des aventures que je n'étais pas équipé pour affronter, alors à quoi bon et pourquoi, pour qui en rajouter ? » Et je t'entends me répondre : « Parce que maintenant tu es tout entiché de moi, ton nouveau personnage, et que tu sais que je ne le lâcherai plus. » Je tourne la tête vers la fenêtre. Neigent à plein ciel les dernières feuilles de l'érable, hier encore d'un orangé flamboyant. Comme on dit, de guerre lasse, j'ouvre un cahier. Je vais commencer. Demain. C'est promis. Malgré la fatigue. Malgré l'hiver. Il le faut. Tu peux rire, même si c'est pas drôle. En fait, oui, ça l'est. L'écriture est une folie incurable.

Je me lève et fais le tour de la pièce. Il y a des livres gisant partout. Le petit nid de paruline, des galets de toutes les couleurs sont éparpillés sur le plancher. La corbeille est pleine à ras bord de pages écrites pour rien. Non, pas pour rien, pour chauffer ma machine. Je me laisse choir sur ma chaise, ferme les yeux et aperçois, comme dans un miroir situé très haut au-dessus de moi, ton visage inconnu qui sourit et peut-être me nargue. C'est que tu sais bien que je vais m'y mettre et m'y remettre encore. Comment, et surtout pourquoi faire autrement?

*　　*　　*

Ton père est au fond de nos bois, assis à mi-hauteur de l'arbre de son choix, un hêtre qui, comme celui du *Roi sans divertissement* de Jean Giono, il y a à peine quelques jours encore dansait *comme seuls savent danser les êtres surnaturels, en multipliant son corps autour de son immobilité.* Ton père est aux aguets, sa carabine sur les genoux. Il souffle large-ment, quasiment tranquille. Quand je l'ai accueilli, ce matin, nous nous sommes bien gardés, l'un comme l'autre, de faire allusion au fait qu'il y a un an déjà, presque jour pour jour, tu nouais et hissais le câble par-dessus la poutre du garage, derrière la mai-son, histoire d'en finir avec une souffrance qui t'as-saillait de partout et ne voulait te mener nulle part. Je savais que, comme moi, ton père y songeait. Il y songe tout le temps, jamais il n'oubliera. Un père blessé a la mémoire longue. Un rien pour lui évoque ta présence ineffaçable. Ta boîte à lunch tout en haut de l'armoire de la cuisine, un de tes chandails roulé en boule au fond de la penderie de ton ancienne chambre, ton reflet embrouillé dans la vitre de son pick-up, la grosse larme qui soudain, sans raison apparente, roule sur la joue de sa femme, ta mère, qui n'a pas encore osé mettre le pied hors de la maison, depuis ton brusque et violent départ.

Te parler comme je l'ai longuement fait ici, c'était bien sûr une façon pour moi de me cramponner, de tenter de durer dans ce qu'un certain monsieur Cioran nomme l'*étendue de l'écroulement*. On ne peut pas gagner, et la vie n'est ni un tournoi, ni un concours, encore moins un de ces jeux de stratégie qui, certains soirs, engourdissaient pour un court moment ta peine. Il est néanmoins inéquitable et cruel que ta fracassante disparition m'ait servi à moi, alors que mes mots ne te furent d'aucun secours. Tu m'as appris ce que *trop tard* voulait dire, alors que je n'ai pas pu t'enseigner ce que *tenir encore un peu* promettait. C'est bête, c'est injuste, mais c'est comme ça. Et, puisque je ne peux pas savoir ce que tu vois, ce que tu entends peut-être encore, de là où tu es, laisse-moi une dernière fois te décrire le gris-bleu de neige du ciel d'aujourd'hui, les dernières frondaisons d'or vieilli, les ultimes feuillées de sang qui survolent les pins comme les hautes flammes de l'incendie d'une grange, là-bas – tu vois, juste au-delà du champ d'herbes couchées, pareilles à des chevelures de noyées? Tu as entendu? Il vient de tirer. Une seule balle, un seul coup, suivi de son écho sourd dans la savane. Tu sais bien qu'un seul coup suffit, qu'une seule fois suffit pour que l'âme lâche le corps qui saigne.

Hier soir, j'ai tracé les premiers mots d'une fin que je voulais comme un recommencement : *Nous attendons la neige, c'est pour d'un jour à l'autre…* Mais, encore une fois, la nature m'a devancé : ce matin, le jardin est tout blanc, le vent feule à ma fenêtre – au cours de la nuit, il nous a fracassé une hydrangée, le petit caragana près de la galerie et la plus belle branche du lilas sous le pommier. Nos tas de feuilles gisent comme des fauves abattus, leur pelage ensanglanté talqué de givre. Il n'empêche, j'achève bien comme j'ai commencé, les doigts raides agrippés au crayon, un œil à la fenêtre et l'autre sur la page d'un livre. La peur et le désir, et les mots qui disent le fol effroi et l'indispensable confiance de vivre. René Frégni m'écrit : *Ce sont les peurs et les désirs qui nous rendent vivants, même lorsqu'ils surgissent entre deux pages, dans l'obscurité d'une prison.*

Disons simplement que j'ai bénéficié, noircissant ces pages, de ce qu'on appelait autrefois *la liberté des savanes,* cette échappée provisoire autorisée à l'esclave qu'on lâchait dans le monde inhospitalier, cette permission officieuse de survivre, sans papiers d'affranchissement.

En équilibre entre la honte de pleurer et l'effronterie de rire, écrire encore, puisque écrire, comme lire, c'est revoir, mais revoir ce qu'on n'avait pas vraiment vu.

À bon entendeur, salut mon ami. Et à bientôt.

Sainte-Cécile-de-Milton
novembre 2015 – novembre 2016

Bibliographie

Par ordre d'apparition :

Ray Bradbury, *Zen in the Art of Writing*, Bantam books, 1992.

Guy de Maupassant, *Sur l'eau*, Gallimard, coll. « Folio classique », 1993.

Henry Miller, *Stand Still Like the Hummingbird*, New Directions, 1964.

Barry Lopez, *Resistance*, Alfred Knopf, 2004.

Friedrich Nietzsche, *Mauvaises pensées choisies*, sous la direction de Georges Liébert, Gallimard, coll. « Tel », 2000.

Victor-Lévy Beaulieu, *666. Friedrich Nietzsche*, Éditions Trois-Pistoles, 2015.

Virginia Woolf, *Journal*, Stock, 1978.

Keith H. Basso, *Wisdom Sits in Places*, University of New Mexico, 1996.

Pierre Bertrand, *Le Cœur silencieux des choses*, Liber, 1999.

Rebecca Solnit, *A Field Guide to Getting Lost*, Viking Press, 2005, et *River of Shadows*, Penguin Books, 2003.

Nicolas Bouvier, *L'Usage du monde*, Boréal, 2014.

Jack Kerouac, *Windblown World*, Penguin Books, 2006, et *La vie est d'hommage*, Boréal, 2016.

Marcel Proust, *Le Temps retrouvé*, Gallimard, coll. « Folio classique », 1990.

David Bosc, *La Claire Fontaine*, Verdier, 2013.

Henry David Thoreau, *Walden, or Life in the Woods*, Dover, 1995.

Flannery O'Connor, *The Habit of Being*, Farrar, Straus and Giroux, 1969.

Jean-Jacques Rousseau, *Les Rêveries d'un promeneur solitaire*, Gallimard, coll. « Folio classique », 1972.

Louis Aragon, *Le Fou d'Elsa*, Gallimard, coll. « Poésie », 1963.

Pierre Reverdy, *Plupart du temps*, Gallimard, coll. « Poésie », 2003.

René Char, *Fureur et Mystère*, Gallimard, coll. « Poésie », 1977.

Gaston Miron, *L'Homme rapaillé*, Gallimard, coll. « Poésie », 1999, et *Lettres. 1945-1965*, sous la direction de Mariloue Sainte-Marie, L'Hexagone, 2015.

Pierre Nepveu, *Gaston Miron. La vie d'un homme*, Boréal, 2013.

Peter Handke et Peter Hamm, *Vive les illusions!*, traduction d'Anne Weber, Christian Bourgois, 2008.

Christophe Barbier, Xavier Duportet, Claire Chartrier, Amandine Hirou, Matthieu Sherrer, Christophe André et Christophe Bouton, *L'Express*, 20-26 janvier 2016.

Georges Picard, *Merci aux ambitieux de s'occuper du monde à ma place*, José Corti, 2015.

Jean Giono, *Cœurs, Passions, Caractères*, Gallimard, coll. « L'Imaginaire », 1982, et *Un roi sans divertissement*, Gallimard, coll. « Folio », 1972.

Mahmoud Darwich, *La terre nous est étroite et autres*

poèmes, traduction d'Elias Sanbar, Gallimard, coll. « Poésie », 2000.

Tomas Tranströmer, *Baltiques. Œuvres complètes. 1954-2004,* traduction de Jacques Outin, Gallimard, coll. « Poésie », 2004.

Oliver Sacks, *Oaxaca Journal,* National Geographic Directions, 2002.

David M. Ludlum, *Field Guide to Weather,* Alfred Knopf, 1991.

Claude Lévi-Strauss, cité par Emmanuelle Loyer, *Claude Lévi-Strauss,* Flammarion, 2015.

Gabrielle Roy, *La Détresse et l'Enchantement,* Boréal, coll. « Boréal compact », 1994.

Christian Péchenard, *Proust et les autres,* La Table Ronde, coll. « La petite vermillon », 1999.

Jacques Cayouette, *À la découverte du Nord. Deux siècles d'exploration de la flore nordique du Québec et du Labrador,* MultiMondes, 2014.

Boris Pasternak, *Le Docteur Jivago,* Gallimard, coll. « Folio », 1972.

Jean Cocteau, *La Difficulté d'être,* Éditions du Rocher, 2003.

Colette, *Le Pur et l'Impur,* Le Livre de poche, 1988.

Aimé Césaire, *Les Armes miraculeuses,* Gallimard, coll. « Poésie », 1970.

Umberto Eco, extrait d'un entretien avec Nicolas Truong, *Le Monde,* 21 février 2016.

Eduardo Galeano, *Le Livre des étreintes,* Lux, 2012.

David Le Breton, cité par Louise-Maude Rioux Soucy, « De la flânerie comme acte de résistance », *Le Devoir,* 7 mars 2016.

Félix Leclerc, *Le Calepin d'un flâneur,* Fides, 2013.

Serge Mongrain, *Simplement écrire,* Éditions Trois-Pistoles, 2011.

René Frégni, *Je me souviens de tous vos rêves*, Gallimard, coll. « Blanche », 2016.

Jean Carrière, *Jean Giono*, La Manufacture, 1985.

Cesare Pavese, *Le Métier de vivre*, traduction de Michel Arnaud, Gallimard, coll. « Folio », 2014.

Annie Dillard, *The Abundance*, HarperCollins, 2016.

Antoine Blondin, *Mes petits papiers*, La Table Ronde, 2006.

Hubert Haddad, *Le Nouveau Magasin d'écriture*, Zulma, 2006.

Walt Whitman, *Leaves of Grass*, Penguin Classics, 1961.

Hormis exceptions, les traductions de l'anglais sont de l'auteur.

CRÉDITS ET REMERCIEMENTS

Les Éditions du Boréal remercient le Conseil des arts du Canada
pour son soutien financier ainsi que le Fonds du livre
du Canada (FLC).
Canadä

Les Éditions du Boréal sont inscrites au Programme d'aide
aux entreprises du livre et de l'édition spécialisée de la SODEC
et bénéficient du Programme de crédit d'impôt pour l'édition
de livres du gouvernement du Québec.
Québec ██

Couverture : Peter Huntoon, www.peterhuntoon.com

MISE EN PAGES ET TYPOGRAPHIE :
LES ÉDITIONS DU BORÉAL

ACHEVÉ D'IMPRIMER EN FÉVRIER 2017
SUR LES PRESSES DE MARQUIS IMPRIMEUR
À MONTMAGNY (QUÉBEC).